VIEIL OCÉAN

W0357489

Du même auteur

Fortune de mer, Presses de la Cité, 1976.
Mémoires salées, Robert Laffont, 1985.

OLIVIER DE KERSAUSON
avec la participation de
CHRISTIAN BEX

VIEIL OCÉAN

FLAMMARION

© Flammarion 1990
ISBN : 2-08-066559-6
Imprimé en France

Remerciements

France Info
TF1
Thalassa, FR3
Claude Fons
La ville de Brest
Le Port de Brest
La Marine Nationale
Le Club Nautique de Mar del Plata
SARSAT
ARGOS
Marc Menaud
Jean-Michel et Annie Texier – « Le Pré-Vert »

1

Je ne l'apprendrai que beaucoup plus tard – en fait, après mon retour : il est très exactement onze heures cinquante-deux quand je passe l'alignement du phare du Petit Minou et de la bouée des Fillettes qui sert de ligne de départ. Onze heures cinquante-deux le 28 décembre 1988 ! A ce moment précis je sais que je coupe la ligne, mais je ne la vois pas. Je n'ai pas consulté le chrono, laissant cette tâche à mes équipiers embarqués sur la vedette qui m'accompagne jusqu'à la sortie du port.

Depuis sept heures, ce matin, nous avons préparé tous ensemble mon appareillage. Entouré de mon équipe, dans mon bureau-entrepôt encombré de cordages et de cartons, au rez-de-chaussée d'une grande maison face au port, je repassais dans ma tête la liste du matériel embarqué, la liste des vivres... J'essayais de me concentrer, sous la lumière crue des deux ampoules nues qui trouaient la nuit de décembre, le col de mon blouson relevé pour retenir un peu de chaleur. Personne ne parlait. Chacun respectait le silence dans lequel je m'étais déjà enfermé. J'ai attendu qu'il fasse bien clair avant de quitter mon antre. Vers neuf heures je suis descendu à pied vers les pontons... mes derniers pas de terrien. Une poignée d'amis sont venus me dire au revoir, une dizaine, pas plus. Pour un départ dans l'intimité, sans déclaration fracassante. Les cœurs étaient serrés mais tout le monde contenait son émotion. Par pudeur. Peut-être aussi pour ne pas m'inquiéter avec leur inquiétude. Et puis j'ai lancé l'ordre libérateur : « Larguez devant, larguez derrière ! » Le bateau s'est écarté du quai et il a commencé à descendre lentement le goulet. Pendant quatre mois, il sera tout mon univers.

Je sors avec le courant et il fait presque beau. La mer est moutonneuse, le ciel nuageux, déchiré par de pâles rayons de soleil qui éclairent les vagues et le bateau par intermittence, comme des coups de projecteur. Mon grand trimaran rose s'éloigne en se dandinant sur ses flotteurs comme un canard.

La manœuvre pour sortir du port s'est passée à merveillc et je réalise que je suis réellement parti quand Caroline, ma femme, et Arthur, mon fils, ne sont plus que des silhouettes qui s'agitent sur la vedette. Arthur est enveloppé dans une de mes vestes de quart, je devine qu'il a froid. Et puis il y a cet autre moment où les équipiers qui m'ont aidé à faire la manœuvre de sortie me quittent, débarquent. Quand Yves et Didier s'en vont, je comprends, à la façon dont on se regarde et se fait la bise, que je suis lâché... Alors là, oui, je suis parti. Mais ça n'est guère une surprise. Tout ce que je vis à cet instant ne fait que continuer un processus amorcé depuis bien longtemps.

En réalité ça fait déjà deux mois et demi que je suis parti. Deux mois et demi que mon rythme de vie a basculé, que je prends mes repas à mes heures, que je vais dormir à mes heures, que je me réveille au milieu de la nuit pour aller faire un tour à vélo ou pour soulever des haltères. Deux mois et demi que je n'ai plus rien d'autre à l'esprit que ce Tour du monde. C'était devenu à ce point une obsession que bien avant d'embarquer je n'avais déjà pratiquement plus aucun contact avec mon environnement. Les seuls moments où j'ai repris pied pendant ces deux, trois mois, c'était pour régler les derniers ennuis que je pouvais avoir avec les finances ou les règlements. Mais pour le reste je vivais enfermé dans le programme qui devait me permettre d'accomplir le Tour du monde le plus rapidement possible.

Je me suis fait le parcours point par point avant mon départ, je ne sais pas, peut-être dix fois, vingt fois... Lorsque je roulais à bicyclette dans les environs de Brest, je faisais le parcours. Je le faisais avec tout ce que je savais de la mer, tous mes souvenirs et tout ce que je pouvais projeter ou espérer du bateau que nous avions préparé. Voilà pourquoi depuis deux mois et demi je n'arrivais plus à communiquer avec les autres. J'étais déjà parti, déjà complètement en dehors de tout. Quand on part pour un tour du monde on part pour si longtemps qu'il n'y a pas réellement d'événement du départ. Ce n'est pas comme une course de cent mètres. On s'engage dans une telle aventure qu'on y met forcément beaucoup de son existence. D'autant qu'on n'est pas sûr de revenir. Ce qui explique que je n'ai pas le moindre déchirement quand je passe la ligne, c'est à peine si je m'en rends compte. Je sais que je la passe mais c'est une abstraction.

Le seul moment qui pourrait ressembler à de l'émotion c'est quand je réalise que je n'ai pas eu le temps de dire au revoir à Arthur comme j'aurais voulu le faire. Juste avant d'appareiller, il est monté sur le bateau. Il a joué avec les filins mais il gardait une mine grave, ne parlait pas. Là, j'ai eu ma première inquiétude de cette traversée. Je me suis dit qu'il ne fallait pas que cet enfant grandisse sans moi. Est-ce que la vie pourrait bien s'occuper de lui ? A huit ans, c'était peu probable. Alors j'ai compris qu'il fallait impérativement que je revienne m'occuper de lui. Je ne pouvais pas l'abandonner. On s'est un peu parlé tous les deux mais c'était une conversation de quai de gare, que le vent a aussitôt emportée. Je lui ai parlé de l'école, je lui ai conseillé de travailler pendant que je ne serais pas là, je lui ai demandé de faire des efforts et puis je me suis voulu un peu rassurant, car je croyais lire dans ses yeux de l'inquiétude et je ne voulais pas de ça. Moi, j'étais déjà parti dans ma tête et plus personne, même ma famille, ne vivait dans le même temps émotionnel que moi.

Tous les projets forts de ma vie je les ai accomplis dans la solitude et je savais que c'était la solitude qui m'attendait une nouvelle fois. Il me faudrait boucler le tour, c'est-à-dire descendre le long des Canaries, passer au large de Dakar, couper l'équateur, laisser le Cap sur bâbord, doubler les Kerguelen, faire route au sud de la Tasmanie, continuer à descendre jusqu'au cap Horn, remonter tout l'Atlantique et revenir à Brest avant de pouvoir me retrouver dans le même temps qu'Arthur.

Car je suis en fait parti depuis très longtemps. Pas seulement deux mois, ni trois, mais facilement trois ans, cinq ans, plus encore... Quand on fait de la navigation à voile, il est évident que le Tour du monde en solitaire est LE rêve poursuivi par chaque marin. Pour moi en tout cas cela a toujours été le projet le plus motivant. J'avais déjà fait deux fois le Tour du monde en équipage, la première fois en 1973 comme second de Tabarly, la deuxième fois en 1975 comme skipper de *Kritter 2*. Et je pensais maintenant que *Poulain*, mon bateau, en tant que grand-père d'une nouvelle génération de multicoques, devait aller un jour ou l'autre se confronter avec ce qu'il y a de plus varié, de plus fort et aussi de plus riche sur l'éventail maritime. Entre la distance, les risques, le calme plat et le mauvais temps, c'est un parcours complet que le Tour du monde et j'ai toujours pensé qu'il était temps d'amener ce type de bateaux au pied du mur. Ne serait-ce que parce que les multicoques ont maintenant vingt ans. Vingt ans, c'est plus que la majorité, c'est une génération. Il y a vingt ans, Tabarly, Colas, moi et quelques autres, nous partions sur les mers avec les premiers multicoques et nous ignorions à l'époque où ces bateaux pourraient nous emmener. Ils ont eu, depuis, largement l'occasion de montrer leur endurance et leur compétitivité. C'est grâce aux multicoques qu'il s'est passé le plus de choses, en yachting, ces vingt dernières années. Il y a eu tant d'inventions et de records qui se sont bousculés, entre *Pen-Duick IV*, le premier multicoque digne de ce nom, et la flotte d'aujourd'hui; il y a eu des découvertes, des milliers et des milliers de milles tracés, des accidents, des ruptures, des morts aussi, et en même temps des vrais progrès.

Et *Poulain* n'est pas n'importe quel multicoque, c'est un trimaran parce que les trimarans sont les meilleurs bateaux de mer, leur axe de chavirage passe par la coque centrale ce qui est un gage de plus grande stabilité que sur les catamarans. J'ai assez peu l'expérience de ces derniers, mais ce qui est sûr, c'est qu'en cinq ans tout le monde est venu au trimaran. La flotte mondiale des multicoques est aujourd'hui composée de trimarans à une majorité écrasante. Il leur restait à montrer qu'ils sont aussi capables d'accomplir le Tour du monde à fond les manettes. Même si la part de risque à affronter est beaucoup plus importante. Le monocoque a pour lui l'avantage de la stabilité. S'il se couche on peut parvenir à le redresser, tandis qu'un trimaran couché est un trimaran foutu, impossible à redresser en mer.

Pour n'importe quel bateau, le Tour du monde c'est l'équivalent du Prix d'Amérique pour un trotteur : l'épreuve reine au sortir de laquelle ceux qui ont réussi ont les plus grandes chances d'avoir une descendance. On peut dire que *Poulain* a été fait dans l'esprit du Tour du monde. Il a participé à d'autres courses, ce qui était gratifiant pour lui, mais il a été conçu dans l'optique du Tour du monde, et pas n'importe quel Tour du monde : le Tour sans escale.

Poulain ayant été conçu en 1985 j'ai quelques bonnes raisons de dire que mon Tour du monde, je l'ai commencé depuis au moins trois bonnes années, quand je franchis la ligne, ce 28 décembre à onze heures cinquante-deux.

2

Donc, à l'instant de mon départ, il fait plutôt beau. Je porte un pull-over léger car le vent est faible. Si je ne pars pas dans les conditions dont j'avais le plus rêvé, je crois tout de même que c'est le meilleur moment qu'on pouvait espérer et au fond de moi je suis assez content. J'ai le sentiment de plutôt bien tirer mon épingle du jeu. Pendant trois semaines j'ai attendu que la météo soit de mon côté. Trois semaines pendant lesquelles, jour après jour, j'ai téléphoné à mon routeur, Claude Fons, le directeur de la Météo nationale de Brest. Grand, de fines moustaches, les tempes argentées, toujours extrêmement précis dans son vocabulaire, chaque jour il me décrivait, avec sa pointe d'accent méridional, une condition anticyclonique parfaitement anormale sur une bonne partie de l'Atlantique, avec des vents de sud tout le long des côtes de l'Afrique, donc dans la gueule. Je voulais aller dans un sens et eux m'auraient poussé dans l'autre. Ces trois semaines, je les ai vécues dans une tension insupportable. A attendre sans répit le feu vert pour l'appareillage.

J'ai tout investi sur ce Tour du monde, j'ai même été obligé de vendre ma maison de la Trinité pour ne pas exposer ma famille aux ennuis d'argent. J'ai galéré avant de disposer de tout le matériel nécessaire et j'ai les nerfs trop à vif pour me résoudre à repousser encore d'un an mon départ.

Il faut savoir que la décision de partir en décembre procède d'une logique maritime élémentaire : j'ai besoin d'une navigation dans le Sud qui se fasse dans les conditions les moins mauvaises, ou les moins impossibles, pour ce type de bateau. Il est impératif que je profite de l'été austral, et à cause de cela je n'ai pas d'autre choix que quitter la France au début de l'hiver. N'allez pas vous imaginer pour autant que l'été austral est paradisiaque. A latitude égale, il fait beaucoup plus froid dans le Sud et à 52-53° il n'est pas rare qu'il neige. C'est comme s'il neigeait à Cherbourg en plein mois d'août !

Ce n'est que dans la journée du 27 décembre

que l'anticyclone s'est enfin calmé, rendant les conditions acceptables pour partir. Si elles avaient été meilleures plus tôt, je n'aurais pas forcément pu en profiter, mes voiles et une partie du matériel de bord ne m'ayant été livrées que le 20 décembre.

Du moins a-t-on eu le temps de procéder aux ultimes révisions. J'ai une équipe qui a préparé le bateau à fond et je ne m'embarque pas dans cette aventure à risque – comme toute aventure – sans avoir mis le maximum de chances de mon côté et sans m'être assuré que j'ai « une bonne caisse ».

Un bateau qui s'apprête à faire le Tour du monde ne se prépare pas comme un dériveur qui sort se promener peinard sur une base nautique. Toute la préparation du bateau s'est faite dans l'optique de parcourir la grande boucle sans une seule escale technique. Ce qui veut dire que le bateau a été équipé pour vivre en autarcie complète pendant les quatre mois environ que va durer la traversée. Il n'y a pas une seule pièce qui n'ait pas été passée au crible. Un crible à la mesure des moyens techniques et financiers dont nous disposions. Faute d'être la NASA, il a fallu parfois faire confiance aux caractéristiques et aux garanties données par les fournisseurs. Jamais nous ne pouvions avoir de test en grandeur nature. Le matériel qui arrivait à bord était parfois testé mais pour d'autres conditions d'emploi que celles qui étaient visées pour lui. Chaque bateau est une éprouvette et *Poulain* n'échappe pas à cette règle, donc c'était à nous d'attacher foi ou non aux fournisseurs, d'essayer de déceler leur niveau de mensonge, de fiabilité ou d'incompétence. Un vrai rébus.

Un voilier de la taille et de la complexité de *Poulain* représente environ deux mille cinq cents factures. Chaque facture correspondant à du matériel embarqué et donc à une réflexion. Pendant des mois ce fut un travail de fourmi : renforcer les drisses, éviter les points d'usure... passer la coque centrale au peigne fin, étudier toutes les ouvertures, l'utilité de les conserver ou de les maintenir en l'état... Puis il a fallu ausculter tout le matériel de traction, le matériel de haubanage, les pontets... s'intéresser au groupe électrique et trouver la meilleure formule pour obtenir un courant de qualité sans que les instruments de bord n'aient à pâtir des éventuelles chutes de tension. Nous avons finalement opté pour une solution hybride : produire du courant en continu et le dispatcher sur les instruments par deux réseaux différents pour plus de sécurité. Les mêmes acrobaties techniques ont prévalu pour le stockage du fuel. A la fin de la traversée, la cuve se sera presque vidée ; mais dès le début ne fallait-il pas déjà répartir tous les autres poids en fonction de cette évolution future et de l'état de la mer qu'on serait susceptible de connaître au moment où la cuve serait presque vide ? Etc. Tout ce qui montait à bord était examiné, vérifié et pesé. Nous connaissions même le poids des pièces de rechange !

Pour autant, il n'y a pas de bateau « spécial Tour de monde ». Le bateau type, paré-pour-le-Tour-du-monde, il n'existe pas. Simplement, il est conçu dans un certain esprit qui doit l'amener au Tour du monde. Le raisonnement est simple : faire une caisse solide, capable de résister aux chocs, capable de résister aux efforts et à l'endurance, capable aussi de courir en grand prix car il y a l'impératif de la vitesse. Et enfin ne pas être trop lourd.

C'est ce qu'on a essayé de faire avec *Poulain*. Comme c'est un bateau qui avait déjà beaucoup navigué et prouvé ses capacités (il a terminé deuxième au Tour de l'Europe alors que c'était le seul bateau avec un mât aluminium dans la compétition), un grand nombre de problèmes étaient déjà éliminés. Mais il restait à anticiper tous les risques spécifiques à un Tour du monde que nous voulions sans escale.

Il a fallu par exemple réfléchir sur la forme et la taille du mât qui seraient les mieux adaptées au parcours. En multicoque, le kilo de plus en haut c'est un bras de levier colossal qui pousse dans les mouvements de tangage et qui peut précipiter le chavirage. Finalement, j'ai opté pour un mât carbone, qui est venu remplacer, presque au dernier moment, le mât aluminium avec lequel j'avais fait le Tour de l'Europe. Avec le carbone, un matériau composite, j'économisais trois cents kilos ! Sur les neuf tonnes et demie que pesait le bateau, j'avais huit cents kilos de gréement, soit presque dix pour cent. Ça me semblait raisonnable, mais comment en être sûr ?

La voile reste encore aujourd'hui, malgré toute la technique embarquée, malgré les laboratoires d'étude, le royaume du pifomètre. On ne sait rien ! Et on ne saura rien tant qu'on ne disposera pas d'instruments de mesure précis. En aviation, les ingénieurs commencent à comprendre ce qui se passe parce qu'ils ont, eux, les instruments. Parce qu'on a dépensé des sommes colossales pour ça. Les constructeurs se permettent le luxe de casser un, deux ou trois avions au cours des premiers essais de chaque nouveau modèle. Dans l'industrie automobile, c'est la même chose : lorsque Renault sort une variante de la R5, son bureau d'étude a dépensé des sommes folles rien que pour étudier la forme de la calandre ! Mais pour nous, pauvres marins, chaque bateau est un prototype qui aura peut-être des héritiers, mais jamais de descendance en série et nous sommes condamnés à l'empirisme. Quand moi je pars autour du monde, c'est du travail de pauvre. On se rapproche de la science mais on n'a fait que réduire notre fourchette d'ignorance. Nous avons des connaissances, c'est indéniable, mais nous ne touchons pas au savoir. Tout ce dont nous sommes capables, c'est d'anticiper les risques. C'est peu, mais ça n'est pas négligeable. D'une certaine manière il est raisonnable de prétendre qu'à l'instant où j'ai largué les amarres, quatre-vingt-dix pour cent du travail a été fait. La plupart des pièges ont été déjoués.

Le départ n'est ni plus ni moins que la mise en pratique des réflexions qui ont été faites sur le bateau pendant deux ou trois ans en se disant : « Voilà, on va faire ça ! ».

Et maintenant, il reste à démontrer qu'on a eu raison de faire ça.

chaque nouveau modèle. Dans l'industrie automobile c'est la même chose : lorsque Renault sort une variante de la R5, son bureau d'étude a dépensé des sommes folles rien que pour étudier la forme de la calandre ! Mais pour nous, pauvres marins, chaque bateau est un prototype qui aura peut-être des héritiers, mais jamais de descendance en série et nous sommes condamnés à l'empirisme. Quand moi je pars autour du monde c'est du travail de pauvre. On se rapproche de la science mais on n'a fait que réduire notre fourchette d'ignorance. Nous avons des connaissances, c'est indéniable, mais nous ne touchons pas au savoir. Tout ce dont nous sommes capables, c'est d'anticiper les risques. C'est peu, mais ça n'est pas négligeable. D'une certaine manière il est raisonnable de prétendre qu'à l'instant où j'ai largué les amarres, quatre-vingt-dix pour cent du travail a été fait. La plupart des pièges ont été déjoués.

Le départ n'est ni plus ni moins que la mise en pratique des réflexions qui ont été faites sur le bateau pendant deux ou trois ans en se disant : « Voilà, on va faire ça ! »

Et maintenant, il reste à démontrer qu'on a eu raison de faire ça. »

3

La terre disparaît très vite. En sortant de Brest je regarde la silhouette de la ville, le goulet, la côte, je regarde les pointes... mais rapidement je ne vois plus rien. De toutes façons le problème n'est pas de voir, ça ne m'intéresse plus. Je suis parti, je suis très heureux et c'est cela seul qui compte. Alors je me grille une clope, je me chauffe un petit décaféiné et je commence à ranger le bord.

Poulain c'est une bête superbe. Un long trimaran de vingt-trois mètres sur seize de large, avec un mât de vingt-cinq mètres et une grande voile de cent cinquante mètres carrés. Il est beau et il a un vrai talent maritime. J'ai déjà tracé avec lui l'équivalent d'une vingtaine de milliers de milles, donc j'ai une idée très précise de ses réactions, de la motorisation qu'on y a adaptée. J'entends par motorisation le gréement, le mât et la voilure. Je sais que j'ai sous mes pieds un formidable bateau, et un bateau qu'on a aménagé pour un homme seul, avec tout ce que cela peut représenter de place. Je ne vais pas vivre dans la compression puisque j'ai pour moi un espace qui doit représenter pas loin de huit mètres carrés. Huit mètres carrés ce n'est jamais qu'une grande caravane, mais de toutes manières je vivrai dehors les trois quarts du temps et l'habitacle pourrait être plus petit sans que j'en souffre. Sur un voilier de course, on ne rentre à l'intérieur que pour trois raisons : s'asseoir à la table à cartes, bouffer et dormir. Mais, puisque nous avions de la place, nous en avons tout de même profité pour installer une couchette épaisse, très confortable, montée sur cardans ; une table à cartes énorme où il me sera facile de travailler et une cuisine dans laquelle on pourrait préparer la bouffe pour cinq. Plus une penderie où je garderai toujours quatre cirés et des vêtements secs de rechange. L'autre intérêt de disposer de huit mètres carrés c'est de pouvoir tout stocker à l'intérieur : la bouffe, les trois quarts des outils, mes vêtements. Tout est à portée de la main et je n'ai pas à courir d'un bout à l'autre du bateau pour chercher quelque chose. Ça a l'air d'un détail mais c'est très important : tout l'aménagement du bord a été conçu pour ne pas perdre de temps. La nourriture tient dans des coffres aménagés sous la couchette. J'ai un peu plus de quatre mois de vivres qui dorment là. Très peu de caisses débordent à droite ou à gauche, tout est rangé en ordre. La seule chose que je n'ai pas à portée de la main ce sont les rouleaux de serviettes en papier. Parce qu'il y en a des volumes énormes mais que leur poids est dérisoire. C'est aussi bien de les stocker à l'avant. Pourquoi ces rouleaux? Pour se protéger le cou. Chaque fois que je monte sur le pont, je me fais une sorte d'écharpe en papier de cuisine. Des écharpes que je jette ensuite, ce qui évite de conserver à bord des choses humides. Il sert également à essuyer tout ce qui est mouillé et sale : la vaisselle, le matériel, mes mains quand je travaille avec la graisse. Les serviettes traditionnelles se chargent de sel et je n'ai pas le temps de les faire sécher, d'autant que je n'ai pas de chauffage dans le bateau. Je considère que c'est inutile, que ça représente une consommation d'énergie trop importante. Pour ne pas risquer d'être saisi à chaque fois que je mettrai le nez dehors dans le froid du

Grand Sud, je préfère que mon corps soit habitué à une température assez basse.

Sur le pont, on a fabriqué un poste de veille avec une visibilité maximale, presque à 360°. Une barre à roue, un fauteuil de voiture recouvert de Skaï blanc, une colonne d'instruments – anémomètre, speedomètre, VHF – à portée de main et un vitrage non teinté pour préserver le plus de visibilité la nuit : c'est là que je vais passer l'essentiel de mon temps, à surveiller la mer et les gréements. Le fauteuil peut s'incliner, ce qui permet de somnoler, et si pour une raison ou pour une autre je suis réveillé en sursaut j'ai tout de suite les yeux sur les instruments. Je sais que je vais passer là à peu près huit heures par jour, entrecoupées d'autant d'heures sur le pont. Alors, à la droite du fauteuil, j'ai installé un lecteur de cassettes. Et j'ai à bord une bonne quarantaine de cassettes.

Au-dessus du fauteuil il y a un capot qui, lorsqu'il est ouvert, me donne l'impression d'être un soldat guettant à la tourelle d'un char. C'est dans cette position que je m'installe un moment, après avoir fini de ranger le bord. J'ai la tête et les coudes à l'extérieur, le corps bien au chaud. Il n'y a pas trop d'embruns et je peux voir la pointe du bateau ouvrir son passage dans l'eau. Je sens l'air, la qualité de l'air qui commence à être l'air du large.

Il doit être environ trois heures de l'après-midi quand je retourne à l'intérieur, me faire à bouffer. C'est mon premier repas de la journée. Je me suis levé à sept heures, j'ai embarqué à neuf heures, trois heures avant d'appareiller, mais je n'ai pas encore bouffé parce que j'étais trop tendu. De toutes façons il n'y a aucun départ, même de régate, que j'aie pu prendre en ayant bouffé le matin. C'est ma façon à moi d'avoir le trac : ne rien pouvoir avaler avant un départ.

Pour mon premier repas à bord je me cuisine franchement n'importe quoi. J'en suis encore à prendre mes marques sur le bateau et je n'ai pas d'idée précise sur ce que je peux mettre au menu, alors je prends ce qui me tombe sous la main. Puis je ressors assez vite. La nuit est presque tombée, le vent a fraîchi mais il reste mou. Je fais route mais je sais que je ne vais pas toucher du vent tout de suite. Alors je mets à profit ce temps pour faire le dernier *check-up* des instruments. Il faudra tout revérifier chaque jour mais cette première séance est un peu particulière. Je me fais l'effet d'un professeur qui prend sa classe en main et qui lui dit : « J'espère que nous allons passer une bonne année ensemble. »

Après des mois et des semaines de vérifications à terre, je suis enfin dans la phase de pilotage et alors oui, au moment où la nuit est tombée, je ne suis plus du tout stressé et je commence à être vraiment heureux.

4

Trois jours. C'est à peu près le temps que demande un marin pour être complètement dans ses marques sur un bateau. C'est en tout cas le temps qu'il m'a toujours fallu et dont j'ai encore besoin cette fois-ci. Je me suis installé doucement dans le bateau. En fait, à terre, je montais très peu à bord. L'équipage préparait le matériel et moi je n'y allais que pour les révisions mécaniques. Je n'y vivais pas.

Le troisième jour tombe cette fois-ci le 31 décembre. Je déteste les 31 décembre, je déteste les fêtes de fin d'année et les réjouissances à heure fixe; mais là, d'être tout seul en mer cela m'amuse plutôt et je décide de célébrer dignement l'événement.

Si j'étais Anglais j'aurais revêtu un smoking, mais je ne suis pas Anglais donc je ne mets pas de smoking, je ne cherche pas à être élégant mais tout de même je me tiens un peu mieux à table ce soir-là. Je me suis organisé une décoration de pauvre avec une nappe en papier – toujours ce bon vieux papier ménager ! – pour avoir l'air de quelque chose et pour qu'il y ait du blanc. J'ai posé un verre, j'ai pris des couverts et je me suis assis. Il n'est pas question que je reste à goinfrer debout. J'ouvre une bouteille de bordeaux, et un petit pot de caviar que j'avais planqués dans le bateau. Je me fais griller bien sagement mon pain pour ne pas bouffer comme un goret et j'attaque mon gueuleton.

Dans ma tête repassent tous les 31 décembre que j'ai pu vivre en mer à droite et à gauche. Je me souviens d'un 31 décembre à Nouméa où j'étais seul avec Alain Colas. On n'avait pas un rond et ça nous emmerdait de nous faire inviter par les gens à terre. Alors nous avions passé notre réveillon à bord tous les deux, tranquilles, dans une espèce de gaieté, de nostalgie, en discutant le coup, en vidant des bouteilles. Je me souviens de ce que Colas m'avait raconté ce soir-là, de sa conception de la vie. Il m'avait expliqué qu'il allait racheter le bateau de Tabarly, qu'il voulait faire le Tour du monde avec, que ses parents l'aideraient, qu'il avait un peu d'argent... Et moi je l'écoutais, je l'enviais tout en redoutant un peu qu'il se casse la gueule, en le souhaitant aussi un peu en même temps. Je l'écoutais et je me disais, quand même ce mec il est gonflé, mettre autant d'argent en jeu alors qu'il n'a pas trop d'expérience, alors que moi je savais qu'il me faudrait attendre encore longtemps avant de commander. Si je pense à Colas en bouffant mon caviar c'est parce que la mer entraîne des souvenirs de mer. Le monde de la mer exclut tout le reste, les souvenirs de terre restent à quai. De même qu'à terre moi j'ai du mal à me remémorer les choses de la mer. La mer entraîne ses propres réminiscences. C'est un univers tellement éloigné de tout, avec d'autres références, d'autres odeurs, d'autres rythmes, une telle concentration, une telle immersion aussi... Quand je navigue, ce n'est pas ma vie affective, ni ma vie familiale, qui m'occupe l'esprit, c'est ma vie maritime. Les époques et les dates se superposent, se mélangent parfois, mais reviennent toujours ces histoires d'amour successives que j'ai eues avec les bateaux.

Cela dit, quand je lève mon verre de bordeaux à la santé de la nouvelle année – et je gueule « Bonne Année ! » à voix haute comme tous les connards qui sont en train de se goberger d'un bout à l'autre de la planète – les souvenirs ne pèsent pas grand-chose. C'est vraiment la bonne année à venir que je me souhaite. Je fais route depuis trois jours, je me suis dégagé du golfe de Gascogne, je suis en train de doubler Lisbonne et la mer est tranquille. Je suis reposé, détendu, complètement dans mes marques maritimes, j'ai des conditions météorologiques bien meilleures que si j'étais parti il y a un mois, bref je suis aux anges dans cette nuit du 31 décembre.

Debout sur le pont, je vois les étoiles, il fait nuit claire, j'ai mon clope au bec. Je pense au monde entier qui est en train de ripailler et de se saouler la gueule et moi je suis bien aise d'être à l'abri de tout ça. Je savoure cette soirée, tout le formidable de l'aventure dans laquelle je suis engagé et encore une fois je suis heureux. Je me fais une réflexion d'imbécile, je me dis que je n'ai jamais été aussi près du cap Horn puisque chaque mètre, chaque centimètre parcouru a le don de m'en rapprocher et cela suffit à me rassurer encore plus et à enraciner ma bonne humeur. De savoir que toute la planète est en train de baiser et de foutraquer tous azimuts me fait hurler de rire. Je me dis : on ne fait pas la même chose. Ce n'est pas du mépris, juste une constatation. Je n'ai pas l'impression d'être différent à ce moment-là, mais de vivre à coup sûr quelque chose de différent.

Demain, les pharmacies seront dévalisées de leurs stocks d'Alka Seltzer; mais moi, demain, j'aurai mieux à faire que d'ingurgiter cette saloperie. Je suis parti pour un truc qui me fait bander en permanence et si j'ai quelque chose à leur souhaiter, aux autres, pour la bonne année, c'est : « Hé, les mecs, pas de bêtises pendant que je suis parti. N'allez pas déclarer de guerre mondiale ou une autre connerie de ce genre. Attendez que je sois revenu. J'ai un bateau avec lequel je veux réussir le Tour du monde... J'aimerais bien ne pas être dérangé pendant ce temps-là. »

Voilà à quoi je pense en cette douce nuit du 31 décembre 1988.

5

Dès le 2 janvier, la trêve des confiseurs est bien finie : j'essuie mon premier grain au large de Madère. C'est même une vraie petite tempête, avec des creux de deux à trois mètres. Dans ce coin-là, la mer est toujours bouillonnante, sans forme véritable, avec des vagues courtes, mais facilement assassines. Je reçois en plein dans la gueule des vents du sud filant 30-35 nœuds. C'est la première épreuve pour le bateau, c'est surtout la première épreuve pour mon mât en carbone qui a été placé juste une semaine avant le départ. Tant qu'il n'a pas été testé sur la mer il n'y a aucune façon de savoir s'il va tenir. S'il se rompt, c'est évidemment la ruine de mes espoirs dans ce Tour du monde. Mais la surprise est bonne : le bateau réagit bien.

Pourtant c'est le bordel : plein d'objets mal

arrimés ont glissé en tous sens et je m'escrime, sous mon ciré dégoulinant d'une pluie fine, à les remettre dans leur bonne position.

Malgré cela je suis fier de voir que le bateau se comporte en gaillard. Il est un peu trop chargé mais je sais que chaque jour qui passe va l'alléger. Quotidiennement il va maigrir d'environ six ou sept kilos, parfois plus ; six ou sept kilos qui vont disparaître entre la nourriture, les boîtes, l'huile, le gas-oil...

Déjà, en dépit de son poids, je constate qu'il a un meilleur passage, un meilleur ballant, des mouvements de tangage moins forts. Les flotteurs rentrent moins dans l'eau que lorsque j'avais le mât aluminium.

Je sais que la structure, les bras, les flotteurs, la coque centrale, les appareils à gouverner, etc., tout ça passera, je n'ai aucune inquiétude là-dessus parce qu'on les a déjà testés en vraie grandeur. Ce qui explique que toute mon inquiétude soit focalisée sur le gréement. Et pendant les vingt-quatre heures que dure la tempête je passe mon temps à regarder le mât, le jour comme la nuit, en allumant les lampes, en marchant sur le pont, en allant vérifier son profil, sa courbe... Parce que la chose est certaine : si le mât doit péter, mieux vaut qu'il pète maintenant. Le mieux étant encore qu'il ne pète pas du tout... Il faut qu'il termine le Tour avec moi. Je n'ai pas les moyens que cela finisse mal, je n'ai pas les moyens de démâter, je n'ai pas les moyens que le mât s'écrase sur le pont et fasse les dégâts qu'occasionne toujours un démâtage. Je passe vingt-quatre heures à imaginer des dématages fictifs dans ma tête : s'il tombe sur bâbord, ça va faire ça... s'il tombe sur tribord ça va faire ça... s'il tombe sur le flotteur ça va faire ça... J'ai vu assez de démâtages dans ma vie pour connaître un certain nombre de cas de figures, qui ne sont jamais les mêmes mais qui se ressemblent quand même tous plus ou moins. Et je me répète les formules en cas d'accident : faire ceci, cela... il y a un couteau disposé là, une lame de scie disposée là, etc.

Bon, je n'irai pas jusqu'à prétendre que même mes rêves sont contaminés par cette maudite perche en carbone de vingt-cinq mètres. Parce que sur un Tour du monde tout est solidaire de tout. Si le mât tombe c'est fini, mais sans pilote on est mort, le gouvernail qui heurte une épave c'est aussi la fin et des épaves qui dérivent le long des côtes d'Afrique on en rencontre souvent, ou bien un vieux container qui flotte entre deux eaux, ou encore une baleine. C'est dire si le nombre de dangers potentiels pour un bateau comme le mien est considérable. Dans l'immédiat, ma priorité est pourtant de jauger ce que donne le mât, à cause de cette impossibilité d'avoir pu le tester avant le départ. C'est assez déplaisant de faire le test une fois qu'on est parti mais en même temps il n'y a pas d'autre solution, c'est le métier ! Un métier qui laisse une place encore énorme à la contingence, au destin, au *fatum* latin. C'est un mot un peu pompeux mais ce qu'il traduit je le vis tous les jours à bord : il y a un moment où les choses ne dépendent plus du tout de l'homme, elles ne dépendent que de ses souhaits, de ses vœux, de ses prières. Elles se sont affranchies de son jugement, de son travail et de ses efforts. Il faut toujours qu'il y ait un peu de magie quelque part pour que ça continue à marcher.

La mer est un des derniers territoires où la contingence revêt encore cette importance. Quand on quitte Montparnasse pour aller à Brest en conduisant une locomotive, on sait qu'il y a très peu de chances de rencontrer un bison sur les rails... Mais moi, je trouve encore des bisons sur mes rails !

Un mât ce n'est pas un morceau d'arbre

volé au hasard sur un bout de quai, c'est une pièce très techniquc, très définie, c'est une pièce vivante qui subit des efforts. En pied de mât la compression peut atteindre soixante-cinq tonnes sur un bateau comme le mien. Et c'est à chaque nouveau mât une découverte parce qu'il n'existe pas de modèle standard, encore moins avec le carbone qui n'a été que très peu utilisé jusqu'ici. A priori, j'ai plutôt confiance dans le mât qui a été fabriqué par ACX à Brest et qu'on a calculé avec Bertin Industries. Mais, malgré la technique déployée, on se dit : « A la grâce de Dieu », parce qu'on ne peut pas simuler les efforts d'un mât de vingt-cinq mètres en atelier. Si, on pourrait... mais ça coûterait trop cher et aucun marin n'a jamais eu de tels moyens... Pour être sûr de mon mât il aurait fallu en casser trois ou quatre avant de partir; dans l'aviation, dans l'automobile ils peuvent se permettre de casser leurs prototypes, mais pas nous.

C'est Xavier Joubert et moi qui avons eu les premiers l'idée d'utiliser les composites en matière de construction maritime. On a commencé sur *Jacques Ribourel* et le bateau en a fait les frais mais grâce à lui on s'est retrouvés dans le catalogue de la SNIAS.

C'était la première fois que le composite quittait l'aviation pour la mer. C'était en 1980. Aujourd'hui les stockages de tubes de fusées sur les sous-marins nucléaires sont en composite. Ce qui veut dire qu'on était en avance de dix ans, avec les moyens d'un privé, avec l'argent d'un entrepreneur. C'est l'une des choses dont je suis le plus fier dans ma vie. Je suis content d'avoir bossé avec Joubert là-dessus, je suis content qu'avec les ingénieurs de la division hélicoptères de la SNIAS nous ayons réussi à opérer le glissement de technologie.

Maintenant, on entend tous les pilotes se gargariser de technique; à les entendre la technique est devenue très importante, parce qu'ils la découvrent, mais nous ça fait des années qu'on la connaît.

Et c'est la technique que j'admire quand je me retrouve dans ce grain au large de Madère. En regardant mon mât je me dis : « O.K., c'est du bon travail, on va y aller, ça va être bien. »

Le premier engagement en période difficile paraît sain : il n'y a donc pas trop de souci à se faire.

6

Le 6 janvier je suis par le travers de Dakar, ce qui veut dire – Un : que j'ai marché vite ; Deux : que je n'ai pas été bloqué le long des côtes d'Afrique par une absence de vent (j'ai eu la calmasse près des Canaries, mais tout au plus pendant une quinzaine d'heures) ; et Trois : que les alizés vont sans doute continuer à me pousser et que je sortirai rapidement de l'Atlantique Nord.

Le 6 janvier j'ai déjà parcouru pas loin de deux mille cinq cents milles avec des journées très régulières : trois cent quatre-vingt-quinze milles un jour, trois cent quatre-vingt-dix-huit le lendemain... C'est une excellente moyenne, elle représente une vitesse de l'ordre de quatorze nœuds avec des pointes à cinquante kilomètres heures. A cette vitesse-là le bateau laisse un joli petit sillage derrière lui. Mais un sillage qui s'efface très vite car justement l'intérêt des trimarans c'est qu'ils ne déchirent pas trop l'eau. Un gros sillage, un sillage qui dure longtemps, trahit un bateau qui passe mal. A cinquante kilomètres heure il arrive tout de même qu'il y ait de belles montées au cul de *Poulain*, des gerbes de trois ou quatre mètres qui bondissent à l'arrière. C'est assez beau mais à vrai dire j'ai autre chose à faire que de les regarder. Passé une certaine vitesse, avec ces bateaux-là et par une mer de travers, une faute de barre c'est une faute de carre, et une faute de carre c'est le chavirage assuré. Dès qu'on dépasse les vingt nœuds on sait que sur une faute de barre la sanction immédiate sera le chavirage. Cela m'oblige à beaucoup de concentration. Alors, au lieu de me retourner pour admirer le spectacle, je préfère porter mon regard sur l'avant du bateau, sur la façon dont se positionne l'étrave dans la vague, pour que *Poulain* prenne une assiette de surf et aille vraiment vite.

Quand un avion me survole il me surprend presque toujours en train de marcher sur le pont. La plupart du temps je suis debout à la barre. Je porte des lunettes pour éviter de prendre les embruns trop violemment dans l'œil. C'est douloureux de recevoir de l'eau salée dans l'œil à cinquante kilomètres à l'heure. Et au bout d'un certain temps on se retrouve avec tellement de cristaux de sel dans les yeux qu'on en devient aveugle. J'essaie aussi de me protéger le visage et le reste du corps, parce qu'il y a des moments où j'ai une belle mer d'alizés sur le travers qui m'envoie des giclées dans le cockpit. On pourrait croire à des jets de thalassothérapie, à cette différence près qu'ils ne sont pas donnés par une jolie fille. L'eau, plutôt froide que tiède, arrive très fort et je n'ai pas les moyens de me dessaler après. Il faut en tenir compte. J'ai un casque à bord, un beau casque de pompier avec sa visière, mais je l'ai prévu pour le grand froid. Alors, pour le moment, je préfère rester en ciré, avec la capuche rabattue et juste les lunettes qui dépassent. J'ai un peu chaud mais, en restant à poil dessous, c'est supportable.

Depuis mon départ j'ai réussi à tenir un tableau de marche que je trouve impressionnant et cela sans faire prendre de risques inutiles au bateau, sans trop tirer sur l'animal.

Je suis tout près maintenant de l'équateur, quand je l'aurai franchi ça voudra dire qu'il y aura déjà un neuvième du trajet en boîte et ce neuvième je l'aurai fait en peu de temps, sans avoir à payer d'addition sordide. Je n'ai à déplorer qu'un petit ennui sur mes pilotes électriques qui commencent à souffrir. Je me rends compte que je dois les économiser. Conséquence : je tire sur mes gros pilotes hydrauliques, ce qui va augmenter ma consommation de courant. J'ai prévu cinq heures de groupe électrogène par jour, de façon à avoir à peu près toutes les six heures le groupe en marche pour soutenir les pilotes. Dans cette route nord-sud, j'avais tablé sur une faible consommation d'électricité – à vrai dire la consommation de jus je m'en fous, mais ça veut dire que je consomme du fioul et là c'est plus grave, je n'ai pas intérêt à risquer la panne sèche. Je suis obligé d'avoir en permanence à l'esprit qu'il me faut faire coller tout ce qui se passe sur le bateau à la seule vraie réalité, qui est complètement antinomique de la réalité maritime. A savoir la réalité technique et théorique de dépense énergétique prévue sur ce Tour du monde. N'oublions pas que j'ai à réguler le bateau pour une durée de peut-être quatre mois, et qu'il est impératif que je reste dans les normes. Ce ne sont pas des prévisions qui ont été faites au bistrot à coups de Pastis, ce sont des prévisions qui ont été calculées après mûres réflexions, en connaissant le bateau et le matériel embarqué. J'ai une marge de sécurité, bien sûr, mais je ne peux pas me payer le luxe, surtout au début de mon périple, de dépasser les normes. Sinon je vais le payer très cher avant l'arrivée.

Pour autant je ne suis pas inquiet. De constater que le bateau marche si bien depuis mon départ me donne un moral d'acier. Quand ma moyenne horaire redescend, je m'autorise à relâcher mon attention de la barre, j'enlève mon ciré et je m'allonge carrément à poil sur le pont pour me dorer au soleil. C'est le moment où jamais d'en profiter : passé l'équateur la température va progressivement diminuer et ensuite je serai dans le froid pour une bonne période.

Donc, je suis là, allongé à poil sur le pont et à me faire caresser par le soleil, heureux comme un pape : je suis content. Ce Tour du monde, ce n'est pas un défi que je me suis lancé. Je n'ai d'ailleurs jamais lancé de défi à qui que ce soit. Simplement, le « trip » intéressant pour moi c'est de réussir ce Tour du monde. Il s'inscrit dans ma logique maritime, après avoir lancé les multicoques il y a vingt ans avec Colas et Tabarly. Si notre métier, parce que c'en est un, doit aboutir à quelque chose d'intéressant, c'est de prouver la fiabilité du multicoque. Et en plus, je prends mon pied. Mais défi, mon cul!

7

Le 8 janvier, me voilà au large de la Guinée, avec des vents encore forts mais qui commencent à mollir. J'approche de l'équateur. Le Sénégal est derrière moi et avec lui ces nuages de poussière rouge qui se sont abattus sur le bateau. Il est entièrement recouvert de sable rouge, un sable très fin, venu de la terre, qui s'incruste partout et me donne l'impression d'avoir fait le Paris-Dakar à la voile. Je déteste cette partie des côtes de l'Afrique où la poussière est si dense qu'on a l'impression d'être enveloppé de brume. Impossible de voir le soleil se coucher, ni se lever. C'est tout juste s'il se laisse entrevoir à la verticale dans la journée, à travers cet écran de crasse qui doit mesurer dans les trente ou quarante mètres d'épaisseur. Au large de Dakar la visibilité n'excédait pas les deux milles et je trouvais ce spectacle d'une tristesse infinie. Car un des grands plaisirs de la navigation c'est de contempler la mer, d'admirer le lever et le coucher du soleil, les ombres sur les nuages, les rides sur l'eau, les bleus, les bleu-vert, les pastels... Toute cette gamme de couleurs capables d'éveiller chez n'importe quel marin un plaisir esthétique et sensuel.

J'aime l'horizon, j'aime voir loin et je crois que c'est une des raisons déterminantes pour lesquelles j'ai choisi ce métier : je savais que sur un voilier je n'aurais pas le regard arrêté par un obstacle. L'océan, pour certains, est synonyme de platitude et d'ennui. Pour moi, l'océan, c'est les trois quarts du temps magnifique et je ne me lasserai jamais de la contemplation de cette ligne où la mer et le ciel se rejoignent dans leur immensité tranquille. D'ailleurs je ne suis pas le seul à vibrer devant ce spectacle de création du monde. En été, sur les côtes bretonnes, une multitude d'hommes et de femmes de tous âges viennent admirer l'horizon et le soleil couchant. Des gens qui vivent le reste de l'année dans des appartements étroits et travaillent dans des bureaux climatisés. Ils ne voient jamais le soleil se lever ni se coucher et ils se rattrapent en vacances. C'est un besoin vital.

Ces moments où l'extérieur a tellement de puissance qu'il ramène à la vie intérieure sont des instants précieux dans une vie. La sagesse est de savoir ne pas les rater. Depuis des millions d'années se répète ce spectacle quotidien du lever et du coucher du soleil, et il continuera encore des millions d'années si l'homme ne fait pas trop de conneries avec la planète. Mais combien de fois peut en jouir chacun de nous? Que pèse une vie, par rapport à l'immensité du temps? Une seconde, même pas : un dixième de seconde! Rien! Et il faudrait encore se priver des plaisirs de la nature?...

Dans les univers urbains où l'homme s'est ingénié à gommer cette magie, il a fallu inventer autre chose pour survivre : le gadget, la consommation. Mais moi, quand je vis sur la mer, intégré à l'immensité de l'espace, je n'éprouve plus le besoin de posséder quoi que ce soit, ni de regarder la télé, d'écouter la radio, ou d'aller au cinéma. Je subis complètement la fascination du monde qui m'entoure, ses odeurs, ses bruits, son existence.

En revanche, dans les mers opaques j'éprouve très vite un sentiment de claustrophobie. Et tout ce temps où j'étais le long des côtes du Sénégal, je suis resté privé d'un des grands bonheur de naviguer.

Pour l'heure, je longe le golfe de Guinée, mais sans pousser dedans puisque ma route continue plein sud. Je suis déjà suffisamment éloigné de la côte pour avoir recouvré toute ma visibilité. Je sais que je rentre dans un *break*, une petite période de vacances qui va précéder mon arrivée dans le Grand Sud. J'en profite pour faire un nouveau *check-up* du bord, remettre de l'ordre, réparer. Cette inspection générale est d'autant plus nécessaire que depuis une semaine j'ai marché très vite. Le bateau a fourni des efforts mécaniques importants. J'ai une voie d'eau à l'avant, peu grave, mais qui me charge tout de même dans les deux cents à trois cents kilos de flotte par vingt-quatre heures. Dans l'immédiat je me contente de pomper. Pour réparer convenablement la voie d'eau, il me faudrait pratiquement mettre le bateau en panne et le moment n'est pas le plus indiqué pour s'offrir ce luxe... Je suis en lisière d'un *no man's land*, la zone équatoriale, dont je voudrais me tirer au plus vite. N'importe quel souffle de vent est donc bon à prendre.

Effectivement, le lendemain, 9 janvier, je me retrouve en plein dans le Pot-au-noir.

C'est ainsi que depuis des générations et des générations, les marins à voile désignent cette zone plus ou moins étendue autour de l'équateur dans laquelle les vents sont réduits à néant : c'est une sorte de sas obligé entre le Nord, où soufflent les alizés de nord, et le Sud, où soufflent leurs frères opposés. C'est une zone de chaleur, de grains, avec des ciels chargés, très noirs et zébrés d'éclairs. Une zone stagnante, traversée de souffles d'air anémique. On peut filer bâbord amures à huit nœuds pendant dix minutes et puis rester sur place pendant deux heures. La mer est souvent très plate, à peine troublée à sa surface par de ridicules petits clapots agités dans tous les sens. On se croit plongé dans une espèce de bain de chaleur, une prison moite, à cause des pluies répétitives qui s'abattent en rideau et vous donnent l'impression d'être enfermé dans une chambre isolée.

Malgré tout, j'aime bien cette espèce de monde qui n'en est plus un, cet univers parallèle déserté par les oiseaux, sorte de limbe entre deux hémisphères.

Le Pot-au-noir offre à tous les marins la perspective d'un cauchemar vertigineux : et si le vent s'arrêtait à tout jamais? Comment vivrait-on? Dans quel monde serions-nous?

L'océan ne serait plus qu'une immense surface lisse, un miroir immobile... C'est pourquoi le Pot-au-noir devient irrésistiblement infernal au bout de quelques jours, surtout quand on est en course. Au troisième jour, si on n'en est pas encore sorti, il devient un enfer épuisant pour le moral. Chaque fois qu'un grain arrive, qu'un lourd nuage noir s'approche du bateau, on espère qu'il va vous pousser de quelques mètres... et puis le grain passe à côté, parfois à vingt mètres seulement... et vous restez là comme un con à faire du sur-place. Comme toutes les zones insolites, c'est une zone où l'homme ne fait que subir la volonté des éléments.

Le point positif c'est de savoir que je passe l'équateur. Les jours vont rallonger puisque c'est l'été en ce moment dans l'hémisphère Sud. Pour l'instant je suis pile à douze heures de nuit, douze heures de jour. La bascule va commencer et dans le Sud mes nuits ne dépasseront pas les cinq heures. Ça m'aidera à naviguer... je verrai plus longtemps ce qui se passe... j'aurai plus de couleur, plus de lumière. Tout l'envoûtement de la mer.

Sur un bateau, c'est la période du jour qui est la plus agréable. L'homme est trop infirme pour profiter de la nuit. Il faudrait qu'il ait des yeux de chat. Parfois, il y a des brillances, des coloris, il y a une magie de la nuit sur la mer... encore faut-il que la lune ne soit pas cachée par les nuages. Alors on peut voir le reflet des étoiles dans l'eau, le reflet de la lune sur les vagues. C'est quelque chose d'infiniment doux et de très, très beau.

8

Le 14 janvier je navigue par le travers de Sainte-Hélène. J'ai quitté les zones parasitées de l'équateur depuis longtemps et le Pot-au-noir n'est déjà plus qu'un souvenir. Le bateau marche paisiblement sur une mer ensoleillée, sans grand vent : on dirait la Bretagne au mois de juin, en plus chaud. De Brest, la météo m'annonce que ce vent faible – deux, trois nœuds –, va durer encore quelques jours. J'utilise ce répit pour régenter mon bord. En premier lieu cette fameuse voie d'eau à l'avant. Je décide carrément de ralentir le bateau pour diminuer la pression afin d'étancher plus facilement le trou. En faisant l'inspection complète de *Poulain* je découvre aussi que j'ai de l'eau dans le flotteur tribord. Alors je m'attache avec un harnais (c'est trop stupide : si je glisse, je dérape et je tombe à la baille) et je vais pomper sur le flotteur. Je donne un bon millier de coups de pompes – quand je fais des séries, je les compte – car il y a beaucoup d'eau. A mon avis elle a dû embarquer avant l'équateur, à l'époque où je faisais mes quatre cents milles quotidiens. Ça ne me paraît pas dramatique pour autant. Je me dis que ça doit pouvoir s'arranger, que les ouvertures de pompage n'étaient peut-être pas bien fermées... C'est à peu près à ce moment-là que je remarque les bafouillages du pilote. Il ne suit pas très bien le cap que je lui donne et je trouve ça bizarre. Je commence à tripoter, à regarder tout et je m'aperçois que le vérin donne d'inquiétants signes de fatigue. Sa mécanique n'est plus très saine. Comme j'ai le temps, je m'offre un exercice de démontage et je remplace le vérin par un neuf.

La tête à trois centimètres de la machinerie de la barre, qui continue à fonctionner, à plat ventre, les épaules coincées entre le pont et la coque, je dois choisir le moment propice pour avancer le bras et retirer la clavette du vérin. J'ai l'impression d'être prisonnier d'un casse-noix. Le bateau, pendant ce temps-là, navigue sous pilote hydraulique. J'en profite pour purger le circuit d'huile, pendant que j'y suis. Un demi-tour de clé, un quart de tour, au millimètre... pour que l'air s'échappe. J'ai quand même dû y aller un peu fort car l'huile gicle. Comme je ne peux pas bouger d'un pouce, j'en prends plein la gueule... Il fait une chaleur étouffante, je sue à grosses gouttes. La clé me glisse finalement des doigts et tombe dans les fonds. Quand je réussis enfin à fermer la purge je suis maculé d'huile des pieds à la tête. Et en me dégageant du boyau je salope tout sur mon passage. Il va me falloir cinq heures pour tout nettoyer ! Dans mon malheur j'ai quand même la satisfaction, sur le moment, de constater que tout a l'air de marcher dans l'ordre. Je me félicite sur mes qualités de mécanicien, je suis bien heureux d'avoir fait ça en période de beau temps... bref le moral est presque à l'euphorie. Trois heures plus tard, je dois déchanter. Le pilote recommence à vivre sa vie capricieuse... Cette fois je tripote le compas et je commence à... oui, je commence à baliser un peu.

Tant qu'il y avait du vent et que la mer était formée, le bateau avait l'air de se tenir tout seul, sans doute parce qu'il était bien équilibré en voilure ; et là, dans le temps léger, je constate que le bateau fait des écarts. Ce devrait être le contraire, évidemment : il devrait être beaucoup plus stable dans le petit temps.

Débute alors une série de communications radio interminables avec les fabricants et les fournisseurs. Didier Ragot me conseille finalement de changer le cerveau du pilote mais à cette idée de tripoter le cerveau je me sens comme un primate qui voudrait opérer quelqu'un avec un caillou. Je tombe dans tout ce que je déteste : le manuel d'entretien et de montage... « Mettez le fil brun sur la cosse n° 1, le fil bleu sur la cosse n° 2, le fil rouge sur la cosse n° 3, vérifiez que les deux fils rouges ont bien leur négatif posé sur la vis supérieure... » Il faut m'imaginer à l'arrière du bateau, à fond de cale, allongé sur le ventre et en appui sur les coudes, à démonter au tournevis des trucs auxquels je ne comprends RIEN, mais rien de rien. Je passe une semaine à ramper et à tout tripoter, sans succès. J'en suis à me dire qu'il va falloir brancher le pilote hydraulique. Ce qui me désole car le pilote hydraulique consomme énormément d'énergie... N'oublions pas que sur ce Tour du monde, à cause du poids, à cause de la gestion d'énergie, je suis au plus serré sur mes réserves.

Je n'avais pas prévu de passer en pilote

lourd si tôt, mais pendant toute cette semaine où je bricole je n'ai pas d'autre solution et c'est donc le pilote hydraulique qui barre le bateau. C'est à cette occasion que je finis par m'apercevoir d'une autre tuile. A première vue, le pilote hydraulique a l'air de bien fonctionner... mais en fait il est en train de jouer. Il est en train de jouer parce que son socle est en train de jouer. C'est là que ça devient grave. TOUT mon Tour du monde est basé sur les pilotes. A la limite je pourrais finir sans grande voile, rentrer à Brest sans foc, mais je ne peux pas rentrer sans pilote. Un homme seul ne peut pas passer vingt-quatre heures sur vingt-quatre à tenir la barre, dans quelque mer qu'il se trouve. J'en parle en connaissance de cause puisque j'ai fait une fois la Route du Rhum sans pilote : pendant dix-sept jours, j'ai barré vingt-deux heures par jour. Et encore : c'était en pays tempéré, tropical même. Je pouvais profiter de la chaleur pour dormir sur le pont, somnoler à côté de la barre... Ce n'en fut pas moins une épreuve redoutable que je ne tiens pas à réitérer de sitôt. D'autant plus que cette fois-ci, je descends vers le froid... je descends vers l'enfer.

La conclusion est simple : si je n'arrive pas à réparer dans la semaine qui suit, à faire en sorte que le bateau soit pilotable « tous temps », il va falloir que je m'arrête pour réparer. Et ça je ne veux même pas y penser. JE NE VEUX PAS Y PENSER. Alors je me remets à bricoler comme un fou : seize à dix-huit heures par jour, en essayant des pièces, en m'efforçant de fabriquer moi-même des boulons, des axes, quelque chose qui permettrait à l'ensemble de tenir. Imaginez-vous : vous n'êtes pas doué en mécanique, pas plus que moi en tout cas, et vous voilà en train de démonter le bloc moteur de votre voiture en panne parce qu'il faut à tout prix qu'elle redémarre. C'est ce que je fais, à plat ventre dans ma cale, avec les coudes qui ont tellement frotté qu'ils en sont presque rouges au sang. Mais je ne ressens aucune douleur tellement la partie qui se joue en ce moment est importante pour la suite du Tour du monde.

Poulain continue d'avancer tant bien que mal. J'arrive à respecter des caps, à faire de la route... Le bateau marche à peu près à quatre-vingt-dix pour cent de ses possibilités, ce qui au début me rassure... je m'imagine que je ne perds pas trop de temps. En réalité j'en perds énormément car une journée passée à bricoler à fond de cale, c'est une journée pendant laquelle je n'ai pas écouté la météo, ni réfléchi sur ma route.

Cette situation dure une semaine, une semaine pendant laquelle je suis comme un conducteur constamment avec une main sous le capot. Donc mal à mon aise, même si j'ai des conditions météo formidables, presque trop belles, grâce à un immense anticyclone stationné sur le sud de l'Afrique.

C'est d'ailleurs ces conditions météo exceptionnelles qui vont précipiter les événements. Je descends à un train magnifique, je descends, je descends, et j'arrive à 47° Sud. Les conditions météorologiques des Quarantièmes arrivent : forte houle croisée du sud, vent qui marche à 28-30 nœuds. Et là le bateau se révèle intenable. INTENABLE. Pendant quarante-huit heures, j'essaie de le maintenir au cap, je supprime mes spis, je reste sous foc et malgré tout cela je dois me rendre à l'évidence, surtout après un empannage involontaire et sauvage sur une vague. Si je continue sans pilote dans le sud, avec le mauvais temps qui va aller s'aggravant, je vais me tuer, c'est sûr je vais me tuer.

J'ai eu quatre ans de rêve, quatre ans de boulot, quatre mois de préparation, bâclée parce que je n'ai pas pu mener tous mes essais à bien, mais j'ai quand même tenu depuis mon départ une moyenne formidable, et tout d'un coup, c'est la chute... je me retrouve avec un bilan dégueulasse qui apparaît au bateau.

Pendant des heures c'est l'enfer dans ma tête parce que je me suis embarqué pour un Tour du monde sans escale. C'était mon grand rêve. Un rêve que je poursuivais depuis des années... Mais sans pilote électrique, avec un pilote hydraulique qui merde, je risque fort de ne jamais le terminer ce Tour... avec ou sans escale. Ou alors de le terminer les pieds devant. C'est mathématique. JE NE PEUX PAS CONTINUER COMME ÇA.

9

Quand je décide de faire demi-tour j'ai déjà perdu beaucoup de temps. Trop. Je suis descendu très sud car pendant la semaine écoulée j'ai eu l'obstination de me répéter : « Ça doit passer, ça doit absolument passer. »

J'aurais dû prendre la décision de rebrousser chemin dès le début de mes ennuis, mais dans des circonstances difficiles un homme seul n'est pas toujours capable de répondre de façon correcte aux problèmes qui se posent à lui. Si j'avais eu un directeur de course, il aurait mieux analysé le problème que moi et il m'aurait plus vite placé face à mes responsabilités. Cette décision tardive me coûte facilement mille milles de plus. Je vais mettre près de cinq jours pour rallier Cape Town, cinq jours pour rien, vraiment

RIEN. Que du temps perdu. Avec en prime, une énorme déception.

J'en ai gros sur le cœur. Je suis obligé de m'arrêter à cause d'un vulgaire problème technique dérisoire mais dont je ne possède malheureusement pas la solution à bord. Parce qu'on ne peut pas embarquer le rechange du rechange, la sécurité de la sécurité de la sécurité. Je suis obligé de faire demi-tour pour un bête problème d'usure de pièce qui se serait révélé plus tôt si j'avais eu le temps de naviguer un peu avec le bateau avant de partir. Au bout de trois ou quatre jours de mer je me serais aperçu du problème avec les pilotes... Si j'avais pu seulement faire le trajet d'entraînement qui était prévu (Brest-Les Açores-Brest), un trajet de deux mille deux cents milles environ, les emmerdements que je subis maintenant n'auraient pas manqué d'apparaître à ce moment-là. Je n'en suis pas encore à me dire que tout est foutu car j'ai bon espoir de pouvoir réparer convenablement à Cape Town, mais je ne peux pas m'empêcher d'être en colère à cause de cette préparation bâclée faute de temps. Je n'ai pas réussi à repérer le vice sur les pilotes électriques mais du moins ai-je trouvé ce qui cloche avec mon pilote hydraulique. C'est le support qui s'arrache... il suffira de le reconstruire, je sais exactement comment y remédier. En même temps que je préviens par radio de mon arrivée, je transmets la liste des pièces à préparer pour gagner du temps.

Quand j'arrive sur Cape Town, la brume est à couper au couteau. Je ne distingue même pas l'avant de *Poulain*... Je sais qu'il y a du courant et du trafic, j'entends les cornes de brume mais je ne vois rien. De temps en temps je repère un bateau, je devine aussi la côte le tout au radar – je dois en être à moins d'un mille, mais je suis dans le flou complet. Je n'ai qu'une carte générale de Cape Town. Par temps clair elle suffirait amplement mais avec cette brume c'est l'enfer. Si mon radar ne détecte pas correctement un obstacle, tout peut arriver. Pourtant il faut que j'avance, seul, dans cette zone que je ne connais pas. Avec mes pilotes qui font n'importe quoi. J'ai sans arrêt un œil sur le radar, un œil sur la carte, un œil sur le compas, un œil dans la brume... il faudrait être Argus pour tout voir en même temps. Enfin j'arrive près de la terre, je distingue même le sommet d'une tour, ce qui veut dire que la brume est stationnée au ras de l'eau. Une brume très épaisse, mais qui ne doit pas faire plus de quinze mètres de hauteur. Je vois très nettement le sommet du petit phare, à l'entrée du port. Dès que je suis dans le bassin, où je suis parvenu à me diriger à l'aveuglette, la brume s'estompe légèrement et on me passe une remorque. Je suis d'humeur maussade mais je remarque tout de même que Didier est là. Et si Didier est là je suis sûr que les dégâts vont être réparés dans les meilleurs délais. J'ai d'ores et déjà la certitude de pouvoir repartir. Je ne resterai pas coincé dans ce bled de merde, dénué du moindre intérêt.

Didier Ragot est mon second depuis neuf ans. Je l'ai rencontré au Salon nautique de Paris. A priori c'est le dernier endroit où il me viendrait l'idée de chercher mes partenaires, mais il m'a été présenté par un ami qui m'a dit : « Voilà l'homme qui s'occupe de toute la flotte du Tour de France à la voile. » Je me suis dit : voilà un type hyperpatient, il doit s'occuper de trente bateaux, de trente coureurs amateurs qui ont tous des problèmes et s'il ne craque pas, c'est que c'est un saint. Dans la seconde où nous avons été présentés, nous nous sommes marrés. Didier, c'est quelqu'un qui a une tête impossible. Il donne toujours l'impression de l'avoir déjà rencontré quelque part. Un quart d'heure après, je lui ai proposé de travailler avec moi. Depuis, nous ne nous sommes pour ainsi dire pas quittés. Je ne suis pas un fou du contact humain. Non pas que je déteste les autres mais simplement je tiens avant tout à mon indépendance d'esprit et à ma tranquillité. La vie n'est pas une élection permanente. N'étant pas un homme politique, je n'ai pas besoin de séduire soir et matin. La plupart du temps je n'adresse pas le premier la parole aux gens. Pour de multiples raisons... Ce n'est ni du mépris, ni de l'indifférence. Je ne leur parle pas, c'est tout. Didier, en revanche, est devenu mon copain en un quart de seconde. C'est quelqu'un avec qui je me marre toujours, quels que soient les circonstances et l'endroit où nous nous trouvons. Depuis neuf ans c'est lui qui s'est occupé de tous mes bateaux. Il a traité avec tous mes fournisseurs... Nous sommes parvenus à une telle complicité que nous n'avons pas besoin de nous parler, un clin d'œil suffit. En neuf ans de boulot commun je crois que nous ne nous sommes pas engueulés une seule fois. D'abord parce que contrairement à ce qu'on croit je ne suis pas quelqu'un qui aime m'engueuler avec les gens. Je ne suis ni capricieux, ni soupe au lait, ni tête de lard mais je ne suis pas non plus quelqu'un qui se laisse faire, c'est vrai. Comme je parle peu, si je dis quelque chose, j'ai mes raisons. Dans le travail j'aime qu'on me fasse suffisamment confiance pour ne pas discuter ce que j'avance. Didier, de son côté, assure vraiment tout ce qu'il fait et quand quelque chose ne tourne pas rond, c'est qu'il n'y a vraiment aucun moyen pour que ça tourne rond. L'erreur est humaine, mais la marge d'erreur de Didier est très inférieure à celle de tous les gens que je connais. C'est quelqu'un d'extrêmement compétent, et c'est bien pourquoi j'ai l'assurance, en entrant dans le bassin de Cape Town, que mon pilote sera réparé au plus vite.

Du moins le pilote hydraulique. Pour les pilotes électriques, en effet, nous allons nous livrer à quelques essais de réparation, mais sans succès. Impossible de comprendre exactement ce qui cloche. N'ayant pas le temps de pousser plus loin l'investigation, je repartirai dans le Sud en ne disposant plus que d'un seul pilote. Je vais prendre de gros risques, mais je n'ai pas tellement les moyens de faire autrement. C'est un peu quitte ou double : ou je n'aurai plus d'avarie avec le pilote qui va me rester, et il me tiendra le bateau jusqu'au retour... ou ça merde encore et je n'ai plus qu'à abandonner. Je serai de toute façon très vite fixé : il n'est pas question que j'aborde les Quarantièmes sans pilote fiable.

Je suis arrivé à Cape Town le 30 janvier et la réparation est faite en quelques heures. Normalement je peux espérer repartir le 31. Mais je préfère m'accorder vingt-quatre heures supplémentaires de façon à laisser sécher le mastic qui tient mon pilote. J'ai d'autant moins de remords à « perdre » cette journée qu'il fait un temps de chien, avec des vents de trente-cinq nœuds dans le port et je ne trouve personne qui accepte de me remorquer.

Donc je reste bloqué une journée, une journée complète passée à bord, sans descendre. La règle de ce Tour du monde est on ne peut plus claire : j'ai droit à des escales, je n'ai pas droit à quitter le bateau. Ce sont les autres – Didier, Christian, Yves... – qui montent me voir.

De Cape Town, je n'aurai rien vu. De mon point d'ancrage – une bouée à l'entrée du bassin de plaisance, contre un bateau de plongée sous-marine – je n'aurai pu apercevoir que la « table », cette montagne au sommet raboté qui domine la ville. Pas un immeuble, pas une lumière de néon à l'horizon... Un vrai fond de port... J'aurais aussi bien pu être n'importe où ailleurs, ou même nulle part.

10

Je quitte Cape Town le 1er février. Il n'y a plus beaucoup de vent mais la mer est infernale : une houle résiduelle, très courte, qui vient s'exploser sur les jetées du port. Je sors avec des creux de trois ou quatre mètres. C'est beaucoup, surtout lorsqu'ils sont espacés de moins de trente mètres.

La manœuvre pour quitter le port est d'autant plus délicate que je n'ai trouvé aucun remorqueur ayant l'habitude d'un bateau comme le mien. Inévitablement celui qui s'occupe de moi s'en sort mal. Même avec la meilleure volonté du monde, même avec Didier à son bord qui le guide, il s'en sort mal. Parce qu'il n'a jamais remorqué de trimaran de sa vie. Il met de la puissance, en pensant que le bateau est lourd alors qu'il n'a rien dans l'eau et un énorme tirant d'air. Si le pilote qui me remorque n'a pas confiance en moi, et s'il n'obéit pas au moindre de mes gestes sans plus se soucier de ses propres impressions qui de toute façon seront fausses, je risque à tout moment l'accident.

Alors je fais des signes sans arrêt – on a bien tout codifié avant le départ – pour lui faire comprendre d'accélérer ou d'appuyer tribord, d'appuyer bâbord, de maintenir bout au vent, de monter un peu à gauche puis à droite...

Quand enfin on rejoint la mer libre, que je largue et que je me retrouve avec ma propulsion autonome, je pousse un énorme « Ouf! » de soulagement

Soulagé, mais pas réconforté. L'escale a cassé mon rythme et je ne peux pas m'empêcher de penser que j'ai perdu plus de mille milles. Une bonne semaine. En prime, les conditions météorologiques se sont dégradées. La belle glisse que je connaissais avant de faire demi-tour n'est plus qu'un souvenir. Je n'irai plus aussi vite ni aussi bien.

Pendant une semaine je vais rester à la limite des Quarantièmes. J'obéis à Claude Fons qui me conseille de ne pas trop descendre au Sud parce qu'il ne parvient pas à comprendre ce qui se passe là-bas. Un énorme cyclone se développe du côté de Madagascar... ses effets sont sensibles sur plusieurs milliers de kilomètres. C'est peut-être dangereux et je crois que Claude a raison de me dissuader de descendre maintenant. Je n'ai aucune envie d'aller me faire piéger dans le Sud, seul, résolument seul.

Dans cet océan il n'y aura personne d'autre que moi. Rien ni personne. Un seul point est habité, les îles Kerguelen, mais il est préférable de ne pas essayer de s'y arrêter. Je serai TOUT SEUL, je n'aurai même pas un copain susceptible de venir à ma rescousse ou me récupérer comme c'est arrivé sur des courses en solitaire autour du monde où un bateau récupère un autre homme en perdition. Je pourrai appeler, bien sûr, avec ma radio, mais le premier être vivant, une fois dans le Sud, sera à six mille kilomètres de moi. Comme il n'y aura pas d'autre bateau que le mien dans le secteur, personne ne pourra se détourner pour venir me chercher. Je vais naviguer dans le plus grand désert du monde... Seul.

Claude Fons était parti sur le principe qu'on ferait du nord-sud très vite – c'est là qu'on battrait le record – et de l'ouest-est en sécurité, sans prendre de risques. J'ai toujours été d'accord avec cette tactique. Le multicoque est capable d'être hyperrapide dans le sens nord-sud. Mais dans le Sud où les mers sont très fortes, il faudra gérer un bateau soumis à des efforts considérables.

Toute cette semaine pendant laquelle je reste en bordure des Quarantièmes j'ai au moins la bonne surprise d'aller beaucoup plus vite que je ne le croyais en quittant Cape Town. Une journée, j'abats même quatre cent vingt milles. La route est plus longue mais puisque j'avance très vite, cela revient à faire une moyenne honnête en étant déjà dans le Sud. En plus je roule confortablement. Je ne souffre pas du froid... le matériel ne fatigue pas... Pour moi c'est évident : je suis bien.

L'explication de ma vitesse retrouvée tient à un phénomène météorologique particulier. J'ai autour de moi un vaste, un énorme système dépressionnaire établi partout, assez faible, et dans lequel se déplacent des anticyclones qui circulent à toute vitesse. Comme les dépressions en Atlantique Nord, mais en négatif. Dans le Nord, les dépressions se déplacent à toute vitesse dans un système anticyclonique. Ici c'est l'inverse. C'est l'anticyclone qui avance dans un immense système dépressionnaire. Et je suis bien placé derrière l'un de ces anticyclones, c'est un peu comme si je lui suçais la roue, je profite de son vent du nord – donc du vent chaud – et je vais vite, très vite, sur une mer maniable.

Pendant une semaine je suis vraiment peinard, à l'abri de tout, et je m'écoute de la musique plein tube. J'ai embarqué une quarantaine de cassettes mais immanquablement je reviens toujours à la même : *Brother in arms*, des Dire Straits. Chaque jour je m'en écoute au moins dix minutes : de la pop magique, qui me lave la tête, me met en forme, me laisse éveillé. Les autres cassettes je les ai jetées au fur et à mesure... J'ai du Mozart par quatre mille mètres de fond, du Mahler par six mille mètres...

Les deux derniers jours de cette semaine-là j'ai une forme olympique et je pousse le bateau complètement dans ses limites. Un peu comme un pilote de Formule 1 qui, pour gagner, cherche à freiner le plus tard possible. Je sais que les conditions de mer que je rencontre à ce moment-là, je n'en profiterai plus longtemps... C'est le moment où jamais de s'engager à fond, de se donner beaucoup de mal pour faire passer *Poulain*.

Demain j'aborderai les Quarantièmes Rugissants et ce sera une autre histoire.

si je lui suçais la roue, je profite de son vent du nord – donc du vent chaud – et je vais vite, très vite, sur une mer maniable.

Pendant une semaine je suis vraiment pei-nard, à l'abri de tout, et je m'écoute de la musique plein tube. J'ai embarqué une quarantaine de cassettes mais immanquablement je reviens toujours à la même : Brother in arms, des Dire Straits. Chaque jour je m'en écoute au moins dix minutes : de la pop magique, qui me lave la tête, me met en forme, me laisse éveillé. Les autres cassettes je les ai jetées au fur et à mesure... J'ai du Mozart par quatre mille mètres de fond, du Mahler par six mille mètres...

Les deux derniers jours de cette semaine-là j'ai une forme olympique et je pousse le bateau complètement dans ses limites. Un peu comme un pilote de Formule 1 qui, pour gagner, cherche à freiner le plus tard possible. Je sais que les conditions de mer que je rencontre à ce moment-là, je n'en profiterai plus longtemps... C'est le moment où jamais de s'engager à fond, de se donner beaucoup de mal pour faire passer Poulein.

Demain j'aborderai les Quarantièmes Rugissants et ce sera une autre histoire.

11

Le 14 février les conditions météo permettent de commencer à descendre. Cette fois, c'est la vraie plongée dans les Quarantièmes Rugissants. A partir de maintenant je vais en prendre pour deux mois, dans le froid et la boucaille.

Je peux descendre pour deux raisons : d'abord parce que souffle le vent du nord, qui va faciliter ma descente. Ensuite parce qu'il ne semble plus y avoir de système dépressionnaire dangereux dans le Sud. Et pourtant je vais déguster la raclée de ma vie. Je tombe presque aussitôt dans une mer impraticable, avec des vents de 45-50 nœuds. Ce n'est pas démesuré, mais j'affronte des creux de sept à neuf mètres par l'arrière et de cinq à sept mètres par le travers, avec de courts écarts entre les vagues. Le danger de la mer, ce n'est pas tant la hauteur des vagues que le peu d'écart qui les sépare. Là, j'ai à peine deux longueurs de bateau entre chaque vague. Ce qui donne une vague toutes les trente ou quarante secondes... Les coups de boutoir sont hallucinants. Ma seule parade est d'avoir enlevé la dérive : quand la vague attaque le bateau sur le côté, il offre moins de résistance... l'impact est amorti. Il n'empêche que je dérouille et le bateau plus encore.

Je n'ai jamais rencontré de mer croisée aussi courte. L'origine de ce bouillonnement m'échappe : soit un phénomène local, soit une mini dépression qui n'aurait pas été repérée par les satellites. En tout cas, c'est une mer très dangereuse dans laquelle le bateau passe difficilement. Mais je n'ai pas le choix... je suis dans une voie sans issue. Si je tente de prendre de la vitesse pour fuir la vague qui m'arrive sur l'arrière, celle qui vient sur le côté risque de me faire amorcer la vrille, et donc chavirer. De temps en temps j'ai des coups de gîte qui vont jusqu'à quarante degrés. Quarante degrés c'est énorme : presque la moitié d'un angle droit ! Rendu complètement instable, le bateau balance d'un flotteur sur l'autre avec une violence incroyable. Plusieurs fois il est entièrement submergé par les lames qui m'arrivent de travers. Tout ce qui n'était pas amarré est précipité au fond du bateau et moi-même je vais rester cramponné des deux mains pendant une trentaine d'heures. Il n'est pas question de cuire le moindre œuf sur le plat : rien ne tiendrait sur le réchaud; il n'est pas question que j'aille me reposer sur la couchette : je serais éjecté. Tout saute, tout explose de tous les côtés.

Plusieurs fois je perds l'équilibre et je tombe dans le fond du bateau. Les étagères de la cuisine se sont vidées, les capots, les coffres à vivres se sont ouverts... un bon tiers de la pharmacie barbote dans la flaque rouge d'un pot de confiture de fraises écrasé. A genoux, j'essaie de remettre de l'ordre dans ce capharnaüm... au moins cela m'occupe. Dans la tourmente je veille à isoler de cet immense merdier les vêtements qui me paraissent indispensables pour survivre en cas de chavirage et je les enferme dans des sacs poubelle pour être sûr de les conserver au sec.

Dehors, c'est terrible. La mer est vert sombre avec des éclats métalliques. Une couleur de fin du monde. Sa forme est indescriptible. Une sorte de chaos hurlant qui monte à l'assaut du bateau par tous les côtés à la fois, explose sur les flotteurs et projette des embruns jusqu'aux premières barres de flèche... qui sont à douze mètres ! De temps à autre la mer se dérobe sous le bateau qui retombe alors dans un trou. Je décolle à chaque fois du plancher d'au moins cinquante centimètres. Mais le pire, c'est le fracas causé par les mouvements du bateau, ses flotteurs qui vibrent et le gréement qui fouette. A chaque vague j'ai l'impression de prendre un coup de poing dans le plexus. Hébété par les chocs, je me précipite à intervalles réguliers contre les vitres du poste de veille pour voir si la mer n'a pas déjà arraché un morceau de flotteur... Le bateau se fait massacrer sur place. Je crois toujours que la prochaine vague sera pour moi, qu'elle m'emportera et que je disparaîtrai à ce point de mon parcours...

C'est un des rares moments de ma vie de marin où je sens que je ne peux RIEN faire. C'est comme si j'étais sur un ring, en face de Cassius Clay, à attendre qu'il arrête de m'envoyer des coups dans la gueule. Pendant trente heures je subis cette mer sans autre perspective que le chavirage. Pour la première fois, je me trouve dans un cas de figure où je n'ai aucun moyen de décider quoi que ce soit. A chaque lame j'ai le ventre un peu plus tordu par la peur. Pour faire bonne mesure, j'ai repéré en plus que mon flotteur bâbord fait de l'eau. Je dois avoir embarqué dedans pas loin de cinq à six cents litres de flotte... autrement dit six cents kilos au bout d'un axe de huit mètres; ce qui augmente encore mes risques de chavirage. Je redoute aussi les chocs sur le gréement, et je retombe dans ma crainte d'un démâtage. C'est d'autant plus grave cette fois que je n'arriverai pas à faire les manœuvres de secours en cas de démâtage (couper le hauban, éloigner le mât du navire pour éviter qu'il ne fasse un trou dans la coque) dans une mer si forte. Je barre pour m'occuper, ou pour me donner un semblant d'occupation, mais je vois bien que ça ne sert à rien. Je ne fais pas mieux passer le bateau que le pilote. De temps en temps je peux éviter un gros trou, c'est vrai, mais au bout de six heures, sept heures de barre, je suis tellement crispé que chaque muscle, chaque articulation me fait souffrir.

J'ai tellement la trouille, une trouille viscérale, animale, que j'enfile ma combinaison de plongée par-dessus des vêtements en soie. Je prépare déjà ma survie. J'accroche un long couteau à ma ceinture et je verrouille la porte arrière, le caisson de secours et de sécurité à portée de la main. Je sais qu'au moment du chavirage je n'aurai que quelques minutes pour me réinstaller dans la soute avant où je serai, du moins je l'espère, partiellement à l'abri de l'eau et du froid

A la limite, j'en viens presque à souhaiter de chavirer une bonne fois pour toutes : de façon à devenir acteur et à décider ce qui se passera ensuite, plutôt que de continuer à subir, la peur au ventre. Mais je sais aussi que si je chavire dans cette zone-là, les chances de m'en sortir vivant ne dépassent pas les cinq pour cent... en étant optimiste. Personne ne viendra, je suis trop loin. Même si ma balise marche. Je dois être à deux mille kilomètres des Kerguelen mais des Kerguelen personne ne peut venir à ma rescousse. Je ne suis plus dans la zone rouge du risque, je suis dans le danger. Le danger pur, absolu.

Je crois quand même, après tout ce que j'ai vécu sur mer, pouvoir prétendre bien connaître ce métier. J'ai déjà pris des tas de galères, traversé des cyclones, connu des vents de plus de cent vingt nœuds, et des vagues de dix-huit ou vingt mètres. J'ai éclaté un bateau au milieu de l'Atlantique... Et j'ai déjà passé, dans des courses précédentes, près de quatre mois dans le Sud. C'est donc une mer que je connais un peu, et en plus sur laquelle j'ai beaucoup réfléchi. Mais en face de ce déchaînement, il n'y a plus de savoir, plus de connaissances, encore moins de solutions techniques. La seule réponse c'est de brûler un cierge en se disant : « Pourvu que le bateau tienne. » D'ordinaire la course à la voile n'est pas un sport de hasard. Les risques sont toujours calculés. Le danger qui survient peut souvent être négocié : d'abord l'appréciation, ensuite l'analyse, enfin la domination du danger. Mais là, il n'y a aucune négociation à envisager. C'est le danger dans sa massivité, dans sa puissance. En face de « ça », l'homme ne fait pas le poids. Il est parvenu à la limite de son courage et de ses capacités. Dans ces moments-là, on a réellement l'impression que l'océan se rebiffe et qu'il vous dit de vous en aller : « Va-t-en ! Reste pas là ! »

Pour moi, ces heures d'épreuve resteront mon plus mauvais souvenir de navigation et aussi la plus grande humiliation de ma vie, à cause de ce niveau d'IMPUISSANCE auquel je me suis trouvé confronté. Je me croyais un individu doté d'un solide potentiel physique et moral, et, devant la peur de mourir répétée pendant trente heures, je me suis retrouvé nu comme un ver. J'ai vécu trente heures de misère et de déraison, ravalé au rang de l'animal. A la guerre, au moins, on peut riposter... on doit pouvoir se faire un dernier plaisir en se disant que foutu pour foutu on peut encore abattre un ennemi... Là, mon seul espoir est que ça s'arrête. Un espoir qui ne dépend ni de mon talent de marin ni de mon bateau mais des coups aveugles du Hasard ou du Destin.

Alors j'ai tellement peur que je prie. Pour traverser ce monde sauvage et hostile il ne me reste que Dieu. L'homme est fort dans l'orgueil, mais pas toujours devant l'infect. Et là je subis l'infect, putain de moine ! Me voilà réduit à demander au Bon Dieu de nettoyer avec sa main ce petit coin d'océan pour que je puisse enfin passer.

Si je parviens à m'en tirer, ce ne sera sûrement pas grâce à mon expérience de la mer. Donc il ne reste que le Hasard ou la Grâce.

12

Qui dira jamais si ce sont mes prières qui ont porté ? Le fait est que je m'en sors. Au bout de trente heures. Plus humilié que victorieux. J'ai toujours pensé que je pouvais tout perdre... cette aventure n'a sûrement pas modifié ma manière de voir. J'ai toujours raisonné comme si la vie nous était seulement prêtée. Si elle nous était donnée, ce serait à nous de décider quand ça s'arrête et pas au hasard. La seule façon de décider c'est de se suicider. Sinon nous ne décidons pas. Nous sommes des locataires qui agissons en fonction de notre savoir et des limites de notre compréhension. Mais nous ne savons jamais grand-chose et nous comprenons encore moins.

Parce que j'ai toujours eu la conviction que la vie était précaire, j'ai toujours cherché à avoir une vie qui me ferait battre le cœur. En l'occurrence je ne suis pas un nigaud parti à l'aveuglette et qui s'est trouvé tout d'un coup en face de la peur. Je suis un nigaud quand même, un nigaud qui savait qu'il aurait à se serrer les fesses dans le Sud... mais un peu plus que le prévisible s'est abattu sur moi et je me suis retrouvé, à un moment, dans l'impossibilité d'agir. Impuissant, dépassé... C'est cela l'humiliation.

Plusieurs fois pendant l'épreuve j'ai essayé de déstresser, de me détendre, en suivant les conseils que m'avait donnés mon entraîneur avant le départ : s'allonger sur le dos, respirer profondément par le ventre. Plusieurs fois j'ai tenté des diversions en me concentrant sur mon physique pour dompter l'esprit galopant... Je ne suis pas venu à bout de la peur mais au moins, grâce à ces exercices de concentration, j'ai pu endiguer la panique et le découragement qui m'auraient fait lâcher la barre du bateau. Mais il me reste, solidement chevillé au corps, le souvenir amer de l'humiliation.

Et puis, doucement, les éléments ont eu l'air de se calmer. Les chocs ont diminué. En quelques heures le danger s'est amenuisé pour disparaître. C'est alors que j'ai mesuré tout le poids de l'épreuve. Vidé, j'étais vidé. J'ai dû mettre un bon quart d'heure pour retirer le haut de ma combinaison étanche. Je puais ! Je sentais la pisse... Pourtant je n'avais pas pissé dans mon froc. C'était l'odeur âcre de la peur... Dans le cauchemar qui s'estompait, je me suis mis complètement à poil, en dépit du froid – deux degrés dans le bateau... Je n'avais pas la patience d'attendre que l'eau chauffe. Je me suis savonné des pieds à la tête avec un acharnement qui ressemblait à de la rage. Quatre litres d'eau douce ont ainsi disparu d'un coup dans ces ablutions libératrices. Puis j'ai déchiré un sac en plastique qui enveloppait un tee-shirt et un caleçon long. J'ai jeté ceux que je portais après m'en être servi de serpillière pour essuyer les fonds... Par le hublot je pouvais vérifier que la mer s'était bien calmée... Pendant que je me faisais chauffer l'eau d'un café je suis allé me chercher une bouteille d'eau de Cologne à l'autre bout du bateau et je m'en suis aspergé abondamment. Dix minutes plus tard, clope au bec, café à la main, assis à ma table à cartes, je contemplais l'immense bordel qui régnait à bord avec le regard indifférent du type qui s'apprête à sortir le soir même...

Pour compenser la fin de la trouille, je me

suis mis à bouffer. J'ai bouffé peut-être pendant une heure d'affilée... j'ai avalé, en mastiquant posément, l'équivalent de six ou sept repas. Je bouffais pour calmer mon angoisse et aussi parce que j'avais faim! Pendant ces trente heures je n'avais pratiquement rien avalé, sinon quelques pastilles de vitamines et une demi-boîte de ration commando que je m'étais forcé à ingurgiter.

Sur un bateau le rapport avec la nourriture est tout à fait spécial. Si le vent tourne, on s'occupe d'abord du bateau avant de songer à bouffer. Si bien qu'on finit par se nourrir de façon irrégulière et décalée. La faim se déclenche très vite et s'arrête très vite. C'est une envie ou un besoin. En mer je bouffe du fromage alors que je n'en prends jamais à terre. C'est sans doute le besoin de calcium qui s'exprime ainsi. Le besoin de l'organisme est une envie et l'envie est toujours bonne, parce qu'elle correspond à une nécessité directe, qui peut être comblée sur-le-champ.

Sur un bateau tout est à portée de la main, mais il n'y a aucune convivialité – puisque je suis seul. Pas non plus d'horaire, ni d'assiette. Si l'appétit ne procédait pas d'une envie ou d'un besoin rien ne se préparerait... D'après les diététiciens qui m'ont aidé pour ce voyage il fallait que je m'astreigne à un certain nombre de repas par jour pour ne pas oublier de bouffer. Car la nécessité de faire marcher le bateau est si prenante qu'on peut parfois oublier de se nourrir. On est même tenté d'en repousser l'envie. S'y obliger prend dans ce cas l'aspect d'une vraie lutte. Je me concentrais en disant : « Bon, j'ai passé dix heures depuis mon dernier repas, il ne faut pas que j'attende la défaillance. » Et hop, une bouchée pour papa, une bouchée pour maman, en n'oubliant pas de bien mâcher... Le vrai problème d'un homme seul en mer c'est qu'il ignore quand va surgir le besoin d'énergie. On ne peut pas pousser l'organisme. Se constituer de force des réserves est un impératif vital. Il ne faut pas courir le risque de tomber en hypoglycémie en plein travail.

Nous avions établi un vrai programme avec les diététiciens... J'ai commencé à le suivre trois mois avant mon départ pour rompre les habitudes terrestres. Trois mois pendant lesquels j'ai respecté la consigne de ne plus prendre de repas qu'à mes heures, et seul.

J'avais en outre l'obligation de manger des pâtes au moins une fois par jour, quelle que soit l'heure, la pâte étant l'aliment exemplaire. Jusqu'à la fin de mon Tour du monde j'ai respecté, sauf lors de ces fameuses trente heures, cette obligation à la lettre. Pendant les trois mois de préparation, il fallait également que j'essaie le plus possible de me rapprocher du type de nourriture que je trouverais à bord, pour ne pas passer du jour au lendemain du steak salade à la conserve. Je prenais déjà des aliments comme les pâtes d'amande, les germes de blé, le soja, etc. Sur un bateau, l'émotion culinaire est rare, pour ne pas dire inexistante... L'alimentation tient plutôt du carburant. On essaie que ça soit le moins mauvais possible, mais quand on a faim, tout est bon. Des spaghettis avec juste un peu de sel, sans beurre parce qu'il n'y en a pas à bord, sans tomate et sans huile d'olive parce qu'il n'y en a pas ou plus, c'est bon. On ressent du plaisir à les bouffer... A force, on finit même par se recréer des rites, des habitudes, comme par exemple de bouffer un cake au milieu de la nuit, entre deux quarts, en consultant les cartes.

Je me forçais aussi à boire parce que chaque jour un homme perd un litre et demi d'eau. Ce qui correspond à vingt pour cent de ses potentialités physiques. La déshydratation entraîne une réelle perte d'énergie et de potentiel musculaire. Je m'arrangeais pour toujours boire entre trois et sept litres par jour et pisser au moins une bonne demi-douzaine de fois pour évacuer les toxines. Cette obligation de boire était parfois pénible, mais toute cette discipline alimentaire a été profitable. Elle s'est révélée je crois d'une grande utilité. Assez jouissive aussi, d'une certaine manière.

Dans des conditions extrêmes, on redécouvre intensément la sensation physiologique de posséder une machine dont les capacités physiques et mentales ne dépendent que de ce qu'on lui fait ingurgiter. Tout au long de ce voyage j'ai éprouvé la sensation physique de faire le plein, comme on fait le plein d'essence. Ou d'être à vide. Avec des moments de crise, comme après mes trente heures d'épreuve dans les Quarantièmes, où je m'étais goinfré pour retrouver très vite un potentiel physique. Par exemple avec un tube de lait concentré. C'est avalé en trente secondes et presque aussi vite l'effet du glucose se fait sentir dans le sang. Le régime du moteur interne est remonté... on se sent d'attaque pour reprendre la suite des Quarantièmes Rugissants.

toujours boire entre trois et sept litres par jour et passer au moins une bonne demi-douzaine de fois pour évacuer les toxines. Cette obligation de boire était parfois pénible, mais toute cette discipline alimentaire a été profitable. Elle s'est révélée je crois d'une grande utilité. Assez jouissive aussi, d'une certaine manière.

Dans des conditions extrêmes, on redécouvre intensément la sensation physiologique de posséder une machine dont les capacités physiques et mentales ne dépendent que de ce qu'on lui fait ingurgiter. Tout au long de ce voyage j'ai éprouvé la sensation physique de faire le plein, comme on fait le plein d'essence. Ou d'être à vide. Avec des moments de crise, comme après mes trente heures d'épreuve dans les Quarantièmes, où je m'étais gonflé pour retrouver très vite un potentiel physique. Par exemple avec un tube de lait concentré. C'est avalé en trente secondes et presque aussitôt l'effet du glucose se fait sentir dans le sang. Le régime du moteur lui-même est remonté : on se sent d'attaque pour reprendre la suite des Quarantièmes Rugissants.

13

Les Quarantièmes Rugissants matérialisent l'hostilité permanente du monde sauvage. On a beau être en été, il y règne une température de mois de novembre ou décembre en Europe. Et un train de houle permanent. C'est un monde sauvage et hostile mais en même temps paré d'une beauté et d'une magie particulières. Lorsqu'on navigue en solitaire dans ces zones-là, on a l'impression d'être le premier homme vivant, ou le seul homme vivant... puisqu'on est le seul homme du monde désolé que l'on est en train de traverser. Le seul représentant de l'espèce humaine à des milliers de milles à la ronde. C'est le plus grand désert du monde. Dans ce qu'on nomme couramment « déserts » aujourd'hui, c'est-à-dire les déserts sur terre, le Ténéré, par exemple, il y a toujours au moins un être humain quelque part ou un avion dans le ciel. Mais là il n'y a rien. RIEN. Pas d'hommes, pas d'avions, pas de bateaux, parce que c'est trop au sud. Il n'y a pas de zone habitée ou marchande à desservir. Aucune route aérienne ni maritime ne passe par là.

C'est un peu pour cela que j'aime ce monde. Il permet une navigation intéressante. Rugueuse et difficile, mais passionnante. Un marin entretient, vis-à-vis de cette partie du monde, les mêmes sentiments contrastés – haine, amour – qu'un alpiniste pour l'Everest. Il y a la fascination d'y aller, la richesse de l'aventure, et le plaisir de la solitude. Quand on aime naviguer, les Quarantièmes offrent le summum de ce qu'on peut vivre sur un bateau.

Mais c'est une mer qui tue, il ne faut jamais l'oublier. Tout individu qui s'aventure dans les Quarantièmes se retrouve en quelque sorte dans la position d'Icare essayant de voler. Il faut que ça marche, si ça ne marche pas, c'est la chute mortelle. Dans l'Atlantique Nord, quoi qu'il arrive, on sait que sous les quinze jours on va réussir à s'en tirer, même avec une avarie grave ou une blessure. Mais, ici, on ne s'en tire jamais. C'est un monde définitivement hostile. D'ailleurs, pour que les marins qui s'y sont aventurés trouvent gracieux le vol de l'albatros, il faut vraiment qu'il n'y ait rien d'autre à aller gratter dans cette putain de mer. Moi, les albatros je ne les aime pas. Quand mes copains sont tombés à l'eau, ils ont eu les yeux bouffés par ces bestioles. Je manque peut-être de poésie, mais pour moi l'albatros c'est une espèce de charognard des mers du Sud, qui vous suit comme on suit une proie qu'on va becqueter. Lui, il est dans son monde, un monde de mer et de vent, pour lequel cet animal est fait. Il négocie tout avec une aisance stupéfiante, il a toujours suffisamment de vent pour se contenter de se laisser porter. Il ne donne pas un coup d'aile, il glisse tandis que nous, à chaque vague, nous souffrons. Le gréement grince, le bateau lâche ses tripes et le marin s'accroche du mieux qu'il peut. L'albatros, lui, c'est l'inverse. Plus il y a de souffle et mieux il résiste. Je crois que si je déteste tellement cette saloperie d'animal c'est un peu parce que j'en suis jaloux. Lui, il se sert du vent pour dominer et il y réussit. Nous, on se sert du vent – on le subit, plutôt – pour traverser au plus vite une contrée qui ne veut pas de nous. C'est physique, elle ne veut pas. L'homme y est un intrus. Mais quand ça ne se passe pas trop mal, le plaisir vient justement de là : c'est d'atteindre les limites du métier de marin.

Dans n'importe quel autre endroit du globe, quand je me retrouve dans le mauvais temps, j'ai toujours l'impression physique de n'endurer qu'un mauvais passage... Un peu plus loin ce sera mieux. Même au milieu des plus violentes raclées que j'ai essuyées dans l'Atlantique Nord, j'avais toujours cette conviction, en regardant la mer, qu'elle ne tarderait pas à se calmer. Dans les Quarantièmes, on a le sentiment au contraire que la colère est partout. Il ne faut pas attendre que ça se calme, surtout pas ! Il faut sortir de la zone pour que le calme revienne. Comme la traversée dure près de deux mois, vous savez que vous serez plongé pendant deux mois dans l'hostilité.

Alors les jours où tout se passe à peu près bien vous avez l'illusion de vivre dans la clémence la plus totale, vous avez l'illusion délicieuse de voler du temps. Le professeur n'est plus dans la classe, on se met les doigts dans le nez et on regarde par la fenêtre. Et au bout de la récré, on retombe dans cette contrainte quotidienne de se battre avec le bateau contre la mer et le vent.

J'ai rencontré souvent des mecs qui se plaignaient ou se vantaient d'avoir essuyé des tempêtes sur la côte bretonne en été. Là je me marre, parce que des tempêtes sur les côtes bretonnes en été, il n'y en a pas. Il peut y avoir du gros temps, des vents de 35 ou 40 nœuds; mais ce qui paraît être de la tempête pour les trois quarts des gens est bien en dessous des conditions moyennes dans lesquelles on vit quotidiennement quand on navigue dans le Sud. C'est un autre monde. Avec des coloris violents, des verts qui sont presque noirs, une écume qui n'est pas blanche mais grise parce qu'elle ne capte pas de soleil qui la ferait étinceler... C'est un monde tellement hostile qu'il est impossible d'y survivre sans un peu de chance. Mais en même temps ce n'est pas du masochisme que de vouloir y aller. Quand on fait un sport, il faut le pratiquer à un haut niveau. Vouloir être le meilleur dans une discipline, c'est automatiquement accepter de souffrir pour réussir. Quelqu'un qui court le marathon doit sacrifier énormément de choses pour être un grand marathonien. On ne devient pas marathonien en allant acheter une carte à la Fédération de course à pied. Ça se saurait. Un marathonien champion est un homme qui a organisé sa vie pour être marathonien. C'est la même chose dans le métier de marin. Quand on aime ce métier, on ne peut pas ne pas être attiré par le Sud. C'est le propre de la nature humaine de vouloir toujours dépasser ce qu'elle connaît de ses limites. Je crois que c'est tout à fait le contraire du masochisme.

S'il n'y avait pas cette éternelle volonté de dépassement de soi, on serait encore dans les cavernes à taper sur des silex pour s'allumer un feu. C'est parce qu'un jour des hommes se sont affrontés au monde qui les entoure qu'ils ont rendu l'aventure humaine plus intéressante et meilleure. L'homme n'est pas sur terre pour vivre en reclus mais pour développer sa « sympathie » avec le monde. Il ne souhaite pas se retrouver avec des interdits. Or, dans notre morphologie, il y a l'interdit de marcher sur l'eau. Si on veut profiter du monde, de TOUT le monde dans lequel on vit, ne serait-ce que pour le visiter, il faut construire des bateaux et aller dans ces océans-là. De même qu'en montagne on a eu besoin de skis, de cordes et de piolets. C'est par amour de la vie que l'on part se promener dans des endroits risqués et sublimes. Et aussi parce que la nature est belle. A la limite de l'indicible. L'émotion qu'on éprouve dans les mers du Sud est très éloignée du quotidien connu. Naviguer dans les Quarantièmes, c'est aussi s'abstraire d'une certaine pesanteur, bien sûr. On est soi, avec son bateau, seul, dans l'immense désert de l'océan. C'est la solitude poussée à l'extrême mais moi la solitude ne me gêne pas, bien au contraire. Je pense que la vie réelle est dans la solitude. Parce que tout ce qui est important dans la vie se passe seul. En compagnie des autres, ce n'est pas pareil, ce n'est plus pareil. L'émotion est solitaire... on peut la partager, on peut être plusieurs à s'émouvoir, mais pas toujours de la même chose ni de la même manière. Même le voyage de l'amour est un voyage en solitaire...

Le vocabulaire a ses formules, qui correspondent souvent à la pensée. Quand on dit faire le Tour du monde, ça veut bien dire « faire le Tour du monde ». Comme si l'on disait : « J'en ai fait le tour », quoi ! Et quand on a fait le Tour du monde, on ne le regarde plus avec les mêmes yeux. De la même manière j'imagine qu'un mec qui redescend de la lune ne nous regarde plus pareil. Dans une expérience de ce genre il se crée une dimension initiatique. C'est un voyage et l'âme voyage... Les voyages forment l'âme. A propos, c'est quoi la littérature? Ce sont des âmes dont l'auteur raconte ou dissèque les voyages, différents du nôtre. C'est cela qui passionne.

14

Pour autant il n'y a pas les héros du Tour du monde et les autres, même si je crois profondément que d'avoir fait le Tour du monde vous fait accéder à une autre dimension... une autre forme de culture. De même que le bilinguisme permet de découvrir une autre mentalité.

On nous casse les couilles en permanence avec la Culture avec un grand Cul. Il faudrait avoir lu tous les auteurs tchécoslovaques, comprendre Tacite dans le texte... Mais la culture, c'est peut-être aussi et d'abord de se promener dans des mondes différents. Question à cent sous : Qu'est-ce que la culture? C'est l'accès à la pensée de l'autre dans son expression. Accès à sa sensibilité, son humeur, son humour ou sa détresse. Et je pense qu'on peut aussi atteindre la culture en accédant à ce qu'il y a de beau dans le monde. Et le Sud, même s'il est hostile, reste beau. Voyager dans ces mers-là aide à dessiner les contours de l'honnête homme, version actuelle. Les leçons de la mer sont impressionnantes, fortes. L'hostilité de ce monde est une richesse... une source de progrès.

L'homme se croit puissant mais en réalité il est très fragile. Si la température ambiante varie de huit ou dix degrés, il faut qu'il se rajoute des peaux ou qu'il en enlève. L'homme est un immense infirme. Le monde, lui-même, est tout entier fragile. A trois degrés près les plantes poussent à un endroit ou ne poussent pas. Et si l'homme ne se met pas une peau de bête pour aller dans le Nord, il gèle. Avant l'invention du synthétique il lui fallait voler la peau d'un ours. Ce qui prouve que l'homme n'a que son intelligence pour survivre face aux difficultés. Sinon il ne se promènerait pas, il resterait planqué dans sa tanière. C'est parce que des milliers d'hommes, sur plusieurs générations, ont travaillé, réfléchi, se sont risqués, que la planète nous paraît moins inaccessible. Aujourd'hui, on peut monter au sommet du mont Blanc et redescendre en cinq heures. Les premières expéditions au mont Blanc, au XVIIIe siècle, prenaient des jours entiers... C'est pareil avec la mer. Quand j'ai traversé l'Atlantique pour la première fois, il y a une trentaine d'années, nous n'étions pas nombreux à réussir ce qui passait à l'époque pour un exploit. Aujourd'hui, l'Atlantique Nord est pratiquement devenu une autoroute maritime pour marins de tout acabit. Un jour ce sera pareil avec les mers du Sud. Parce que la longue histoire de l'humanité a été de réduire le globe terrestre à une pépite cernée par la connaissance.

Avez-vous remarqué que les publicitaires et les journalistes (je pense par exemple au générique du journal de la Cinq) ont pris l'habitude de nous montrer la terre vue de satellite ? C'est un phénomène récent qui semble vouloir prouver que cette fois ça y est bien : la terre est tout entière domestiquée par l'homme... Il n'y a plus rien à découvrir de nouveau... bref on en a fait le tour. C'est vrai et en même temps ce n'est pas complètement exact. On a exploré toute l'Afrique, toute l'Asie au peigne fin mais le milieu maritime est encore plein d'ignorances. Il en est à peu près au même niveau de savoir et de connaissance que l'industrie spatiale : on connaît beaucoup de choses mais le pépin peut survenir à tout moment. Certes, une fusée comme Ariane est plus sophistiquée qu'un multicoque avec mât carbone, mais les instruments de contrôle que possèdent les ingénieurs de Kourou sont aussi autrement plus sophistiqués que ceux dont on peut disposer en navigation. Ce qui revient à un équilibre des forces. Ariane se plante de temps en temps, et moi j'aurais pu chavirer dans les Quarantièmes. De quoi je dispose pour me guider? L'électronique à bord, les instruments de navigation par satellite, le radar... Tout cela représente, c'est indéniable, un gros progrès. Mais pour gérer le problème qui survient dans l'immédiat, les instruments cèdent le pas à la mémoire du marin.

Quand on a l'habitude de vivre dehors, chaque ciel, chaque heure, chaque matin est un visage qu'on reconnaît et dans lequel on sait lire. L'évolution de la nébulosité du ciel est quelque chose qui se remarque parfaitement parce qu'on l'a surveillée... On a perçu une forme de bleu qui changeait au-dessus de soi. Ce sont des nuances répertoriées, analysées. On peut les évaluer avec autant de précision qu'un agent posté toujours au même carrefour et qui vous dira aujourd'hui si le trafic a été plus important que celui d'hier. Moi, quand je me promène sur mer, je ne la vois pas toute bleue comme se la représentent la plupart des gens. Je vois différentes teintes changeantes. C'est tellement répertorié dans mon esprit que je reconnais parfois des formes de mer comme si je revoyais le visage de quelqu'un perdu de vue depuis dix ans. Ce sont des rides, des souffles d'eau, des tailles de vagues, des petites crêtes qui se ressemblent... Cela fait partie de ma culture.

Si j'avais vécu mille ans je connaîtrais toutes les formes de mer... Cette expérience pénible que j'ai vécue dans les Quarantièmes Rugissants, avec la peur, l'angoisse, la crainte de mourir, m'a, au bout du compte, un peu plus enrichi sur ma connaissance de la mer. Parce que j'avais en tête le souvenir de mers plus dangereuses, dont je connaissais les formes... Cette mer-ci, je ne l'avais jamais rencontrée. Je me suis trouvé devant l'inconnu. Et mon trimaran a résisté comme un beau diable. On peut construire des bateaux plus rapides que lui, mais je crois qu'il faudra attendre quelques années avant de trouver un *challenger* capable de le battre sur tout ce qu'il a vécu. Aujourd'hui il n'y a pas au monde un trimaran capable de faire ce qu'a fait *Poulain*.

15

Le 19 février, quand j'émerge de mes trente heures de tempête, j'ai plus ou moins perdu la notion du temps. Moins à cause de ce que j'ai enduré qu'en raison de la brume qui m'est tombée dessus et qui persiste, maintenant que la mer s'est enfin calmée. Une brume épaisse, cotonneuse, qui m'enveloppe comme un tunnel.

Il y a deux façons de mesurer le temps sur un bateau, quand on navigue en solitaire. Tout bêtement, la montre portée au poignet ou celle du bord, posée sur la table à cartes. Avec les deux je mesure le temps écoulé, le temps ponctuel. Et je lis sur la table à cartes le nombre de milles parcourus au fil des heures... je note mes tentatives radio à telle ou telle heure pour avoir une liaison météo... Le temps biologique, lui, se mesure en fonction de notions plus ou moins abstraites : la verticalité du soleil, ou le positionnement du soleil par rapport à une nébulosité.

Dans cette brume qu'il me faut traverser, je n'ai plus d'horizon. Je ne vois plus la forme des vagues et, la nuit, je ne distingue même plus les étoiles. Le bateau avance, je vois bien qu'il tourne et qu'il fait de la route, mais je n'ai pas le sentiment d'une progression réelle. C'est un peu comme si je roulais dans une voiture avec un pare-brise en verre dépoli. D'une certaine manière, sans jeu de mot, je suis déboussolé. J'ai la sensation physique d'être dans un espace sans points de repère. C'est d'autant plus irréel que je me déplace vers l'est, rapidement. Je traverse des nuances d'ensoleillement très changeantes; chaque jour, entre le matin et le soir, il peut y avoir des variations de lumière d'une demi-heure en plus ou en moins. D'ordinaire, quand le soleil se couche, je regarde mon chrono, mais ici, impossible. Je dois avoir moins de trente mètres de visibilité... je ne vois pas l'avant du bateau quand je suis dans le cockpit, je ne vois pas non plus la tête du mât quand je lève les yeux au ciel !

Je me trouve pratiquement dans la situation des gens au fond d'un gouffre, coupés du monde, et pour qui il n'y a plus de division du temps autre que celle de leur horloge interne... déclenchée par la faim ou le sommeil. Par habitude, je continue à marquer les heures sur le livre de bord – je ne reste jamais plus d'une heure trente sans faire un pointage au livre de bord – mais c'est un pointage complètement mécanique. Je ne me sens pas réellement présent. Tous les contacts radio que je peux avoir sont pareillement surréalistes. Je suis dans un monde tellement obscur et isolé qu'à peine raccroché l'écouteur j'ai l'impression d'avoir vécu un souvenir.

Je continue parce que je sais qu'il faut continuer. Je dois quitter les Quarantièmes Rugissants au plus vite et chaque minute compte pour en sortir... sortir de cet océan Indien que je n'aime pas, que je déteste même. Je le trouve traître, dangereux et malsain. C'est dans l'océan Indien que j'ai vraiment appris que la mer n'était pas seulement un jeu. C'est dans l'étape océan Indien de la Withbread que Dominique Guillet est mort en 1974. Avec lui, j'avais fait le con partout, sur toutes les mers, dans toutes les aventures... Depuis la mort de Dominique, j'ai réalisé qu'une mer déchaînée ne ressemblait pas seulement à une belle montagne russe de fête foraine, mais qu'elle pouvait tuer.

Là, en plus de la brume, j'ai une mer pourrie. Le bateau va vite mais je me trouve dans une zone de déferlantes qui peuvent mettre *Poulain* en danger et le faire chavirer. Cette brume me donne l'impression d'être enfermé dans une prison, ou coincé dans un trou de coton. Pour moi, qui aurait tendance à être claustrophobe, c'est charmant... Une prison ou un trou de coton avec des événements qui ne se passent plus que dans le cercle intérieur, c'est-à-dire les huit mètres carrés de mon habitacle. A l'extérieur, c'est le vide. Un côté duveteux qui fait qu'on se sent, à tort très protégé et en même temps troublé... Tout est toujours plus ou moins structuré dans la vie, or là je ne sais même plus si je suis en l'air ou sur l'eau. Je n'ai plus les pieds sur mer, je suis satellisé. Mon bateau est devenu sourd et aveugle. Moi aussi je suis devenu sourd et aveugle. Et je m'emmerde, parce que le coton, c'est profondément ennuyeux. Comme auparavant la poussière rouge le long des côtes d'Afrique... J'ai reperdu le plaisir de naviguer, celui de pouvoir observer la mer et le ciel, d'observer la gueule d'un nuage qu'on aperçoit à quatre heures et qui a changé de forme à cinq heures... un changement qui va peut-être vous donner des indications sur le temps à venir ou les formes de vent qu'on va rencontrer.

Là j'ai beau savoir que je suis sur la mer, je n'en vois pas le moindre échantillon et c'est dans de telles circonstances qu'on en vient à penser que peut-être le danger rôde autour de soi. Je branche de temps en temps le radar, sans grande conviction : pourra-t-il déceler l'imprévu à temps? De toutes façons je n'ai pas assez de fioul pour faire tourner le radar en permanence alors ça ne sert pas à grand chose de le brancher seulement par petits coups de deux ou trois heures. Finalement je le laisse en *stand-by* et j'écarquille désespérément les yeux pour tenter de voir quelque chose. Mais je n'ai pas d'autre ouverture sur l'extérieur que les minutes que je consacre à ma table à cartes. Là, au moins, je distingue nettement les contours de l'Australie, ceux de la Tasmanie et ce sont les seules formes du monde extérieur qui sont accessibles à mes yeux... C'est spécial, n'est-ce pas?

Comme il n'y a plus d'extérieur, plus rien ne franchit le bord. Déjà, en mer, celui qui n'emmène pas de couleur rouge ne verra pas de rouge de toute sa traversée... sauf celui du coucher du soleil. Celui qui n'emmène pas de musique n'entendra pas de mélodie. Si je n'avais pas de radio je n'entendrais pas une seule voix de femme... Alors qu'à terre dans la même journée je vais enregistrer une multitude de couleurs, de formes et de sons...

Mon entourage n'existe plus que dans l'imaginaire... et j'ai intérêt à le freiner, cet imaginaire. Il vaut mieux que je ne pense pas aux icebergs, aux baleines... Des bateaux, je sais qu'il n'y en a pas, c'est déjà un danger de moins. Mais il ne faut pas que j'aille imaginer une quelconque saloperie de la nature que je n'ai aucune chance de voir. Dans ces parages-là, un bateau passe toujours à côté de pleins de dangers qu'il évite souvent sans le savoir. Je me rappelle avoir tapé une baleine dans l'océan Indien avec *Kritter*, être passé très près d'une autre avec *Pen Duick VI*... peut-être que là je vais frôler une énorme baleine, ou un bloc de glace. Ou les tamponner... Dans l'incertitude j'opte pour une logique imparable : puisque je ne vois pas le danger, je décide qu'il n'existe pas. Sinon on arrête tout, ça devient l'horreur. Et si on s'arrête, ce n'est pas la bonne solution non plus. Il faut continuer à avancer à tout prix. Le moyen de faire autrement ? A Dieu vat...

A ce petit jeu ce sont les premières heures qui coûtent. Je me dis pour moi-même : « Putain tu es quand même gonflé de continuer à naviguer là-dedans ! » Et puis au bout d'un certain temps on se fait une raison : « Après tout, s'il survient du danger, on le verra toujours bien à temps ! Il se produira bien un miracle qui fera qu'on le verra ! » Et puis on continue et un beau matin la brume s'arrête. On redécouvre la mer et on s'aperçoit qu'on a eu raison de continuer à avancer. D'ailleurs c'est souvent comme ça dans la vie : plutôt que de gamberger sur les emmerdements qui risquent de peut-être, éventuellement, on ne sait jamais... arriver, il vaut mieux agir d'abord. Et ne pas lâcher le morceau ensuite.

Donc je file mes quatorze nœuds dans la brume en gardant le plus possible ma sérénité. Pour cela je m'efforce de dormir. Pendant trois jours j'ai vainement essayé de veiller au radar et tout ce que j'y ai gagné c'est des yeux de lapin russe. J'étais tellement crevé que j'en avais envie de dégueuler. Mal aux yeux, mal partout. Je voyais double à cause de la fatigue. C'est à ce moment-là que j'ai décidé de ne plus sacrifier mon sommeil. Au contraire, je me suis forcé à me détendre et à bien me nourrir, avec un seul impératif en tête : garder toute ma lucidité. Histoire d'être frais au moment de l'accident !...

ARRÊT SUR IMAGE

Durant mes veilles d'aveugle, dans ce voyage hors du temps, privé du spectacle de l'extérieur, je laisse remonter mes souvenirs. Il y a ceux des visages aimés, qui sortent des secrets de l'âme, douloureux. Je me sens si loin... presque mort dans mon au-delà de brume... Traînant mon baluchon de rêve et de chagrin, je suis une âme qui erre sur l'océan à la frontière des vivants et de l'éternité. J'ai oublié le bateau, il est devenu mon prolongement, une partie de moi-même. Et pourtant il est bien là, réel, avec ses vingt-trois mètres de long. Toute son histoire me revient en mémoire et avec elle, l'une des plus grandes joies de ma vie. Je vais vous la raconter :

Il est deux heures du matin chez Castel. Dans le bruit et l'agitation de cette nuit parisienne, je fixe mon verre de Perrier, de mauvaise humeur. Je n'ai pourtant pas à me plaindre, je suis en compagnie de gens que j'apprécie réellement : Jean Castel, Jacques Martin... Cela fait bien deux heures que nous parlons de bateau. Arrive sur ces entrefaites Hervé Rigaud, que je connais un peu. C'est le directeur de la communication des chocolats Poulain. Il me demande :

– Comment ça va?

– Je m'emmerde!

– Et tes histoires de bateau?

– Pas terrible! Ça traîne...

– Tu devrais voir mon président...

– Arrête! Je l'ai appelé comme tu me l'avais dit... trois fois. Il ne m'a jamais rappelé. C'est un connard! Parle-moi d'autre chose.

Le lendemain, chez moi, à dix heures du matin, coup de téléphone. C'est le patron de Rigaud!

– Bonjour! Alors il paraît que je suis un connard?

– Non! Euh... Enfin... moins, puisque vous me rappelez!

Au téléphone, Philippe Midy, c'est son nom, se marre.

– Ecoutez, c'est vrai, Olivier, j'aurais dû vous rappeler mais j'avais énormément de travail. Ça serait bien qu'on se voit. Déjeunons la semaine prochaine. Si vous êtes d'accord.

Rendez-vous est pris... A vrai dire je n'en attends pas grand-chose... Quatre jours plus tard, j'appelle le bureau du groupe Midial-Poulain pour confirmer le déjeuner. La secrétaire m'annonce qu'il aura lieu au siège. Là, je me dis que c'est mal barré. Midy doit regretter de m'avoir invité à becqueter. Il va bâcler le repas à son siège, entre deux rendez-vous. La rencontre ne va servir à rien et moi j'aurai perdu mon temps.

Le jour dit, tout porte à croire que je ne me suis pas trompé. Quand le président arrive, il a *Mémoires salées* sous le bras, mon précédent livre à la fin duquel j'expliquais mon projet de Tour du monde. Il me dit : « C'est pas mal ton bouquin, mais ton projet de Tour du monde en multicoque, ça ne m'intéresse pas du tout. » Inutile de préciser que je tire une sacrée gueule... Midy est entouré de plusieurs collaborateurs. Je les dévisage les uns après les autres et là, au lieu de me persuader que je ne peux pas rester bouffer avec cette bande de connards, je suis bien obligé de reconnaître que je leur trouve des tronches intelligentes. Je me dis qu'il n'est pas possible que des gens ayant les qualités nécessaires pour piloter un pareil groupe industriel ne comprennent pas l'intérêt du multicoque... d'autant qu'ils aiment les bateaux. Tant pis, je reste ! Il faut que je leur fasse comprendre. Ça ne me servira peut-être pas, mais le message finira par être entendu, et dans un an ou deux, un autre marin en bénéficiera.

Je suis donc très détendu en m'installant à table. J'ai changé de *challenge*. Ma seule ambition du moment est maintenant de faire comprendre à ces financiers potentiels la magie du multicoque. Comme je parle sans relâche, j'ai toujours un plat de retard sur eux. Ils ont fini leur assiette quand j'ai à peine entamé la mienne. Mais je sens qu'ils m'écoutent. Je leur raconte mes quinze ans d'expérience, les risques, les échecs, les inventions, les naufrages, les progrès, surtout, de notre métier. Notre sport a doublé ses vitesses en quinze ans. Je leur décris le milieu de la voile, les pilotes, les sponsors, les courses. Les questions que Philippe et Antoine Midy me posent sont réellement pertinentes. Je sens qu'ils comprennent. Je n'ai plus le sentiment de perdre mon temps. De leur côté, ils m'expliquent comment se font les affaires chez eux. Je n'y prends pas trop garde... Et puis, à un moment donné, Philippe

Midy me demande comment se passent les signatures de contrats avec les sponsors...

Je leur raconte les quelques histoires horribles qui circulent dans le milieu, sur des firmes célèbres dont le président s'est engagé en public puis rétracté en privé. « Chez nous, ça ne se passe pas comme ça », me répondent-ils. J'acquiesce distraitement, et je continue mon exposé. Nous en sommes au fromage et je suis en train de leur expliquer le coût de ce genre d'opérations quand Philippe Midy me coupe la parole :

– O.K. Kersauson, tu l'as ton bateau !

Silence. Tout s'arrête.

A travers les vitres fumées, le soleil fait briller l'eau de la Seine. Je dévisage mes interlocuteurs l'un après l'autre, j'essaye de sonder leur regard. Leurs yeux disent la même chose que leur bouche. Ils me paraissent émus, c'est sans doute moi qui le suis trop. Muet, les yeux fixés sur le fleuve qui miroite, j'ai l'impression que les murs s'effacent et que je suis déjà sur l'océan.

Je refais encore une fois le tour des visages. C'est vrai ! C'est bien vrai ! Je n'ai jamais connu de bonheur aussi brutal.

Dix minutes plus tard, le directeur financier et le secrétaire général du groupe prennent sous ma dictée le calendrier des opérations.

En fin d'après-midi, je quitte les bureaux du groupe. Seul au volant de ma voiture je m'arrête près d'un carrefour et je regarde, étonné, un monde qui, pour moi, a changé de couleur.

16

Comme la nourriture, le sommeil sur un bateau obéit à des règles très particulières. Le rythme n'est plus le même que sur terre. C'est un sommeil volontaire. Il est toujours tributaire de l'état de fatigue physiologique mais il échappe à la routine de la vie terrestre, avec une heure bien définie pour le lever et une heure définie pour le coucher. C'est un sommeil qui s'adapte à la marche du bateau. La plupart du temps, il est très surveillé par le subconscient. C'est aussi un sommeil qui peut se déclencher instantanément. Au moment où on déconnecte toutes ses alarmes personnelles, où on sait qu'on peut aller dormir, on s'endort dans la seconde. Et on se réveille pareillement dans la seconde. L'endormissement ressemble à un évanouissement. Le réveil est celui de quelqu'un qui a eu un arrêt sur image. Il n'y a jamais de réveil pâteux, on est opérationnel immédiatement. C'est en outre un sommeil très fragmenté. Sur ce Tour du monde j'ai passé trois mois avec une moyenne de trois heures de sommeil par vingt-quatre heures. Et des périodes de crises – comme par exemple dans la brume de l'océan Indien – pendant lesquelles je me concentrais au contraire sur la nécessité de dormir. C'est-à-dire qu'au lieu d'aller dormir une heure et demie après dix heures d'activité, je me contentais d'une heure et demie de bateau et je passais le reste du temps à récupérer.

Au bout d'une dizaine de jours de mer, ce rythme particulier s'est installé de lui-même. Mais quand on est embarqué pour un voyage de quatre mois, il vaut mieux que la machine de votre corps ait déjà l'endurance de ce rythme. C'est pourquoi de même que je m'étais préparé au régime alimentaire de la navigation en solitaire, de même je me suis entraîné, pendant les trois mois qui ont précédé mon départ, à dormir comme si j'étais déjà sur le bateau. J'ai travaillé avec un préparateur, Denis Cellier, spécialisé dans l'entraînement physiologique de plusieurs sportifs, notamment les coureurs automobiles de Formule 1. Il a supervisé mon entraînement diététique et mon entraînement au sommeil.

La vraie préparation d'un solitaire au Tour du monde c'est de ne plus avoir de journée type, c'est s'habituer à manger à ses heures ou à s'endormir brutalement, en plein milieu de journée par exemple. On peut y arriver par le yoga, en s'entraînant à respirer profondément pour obtenir une détente complète du corps, puis se réveiller brusquement et partir faire deux heures de vélo dans la campagne. Le tout en respectant déjà un certain nombre d'interdits : très peu de vin, jamais de café, aucun excitant mais un minimum de deux litres d'eau par jour. Quand Denis Cellier n'était pas là, il me téléphonait soir et matin pour vérifier que j'avais bien bu mes deux litres de flotte, que j'avais bien fait mes deux heures de vélo dans la campagne, que j'avais bien fait mes exercices de sommeil. Cette discipline obtenue en trois mois m'a servi pendant toute la traversée : j'étais capable, au moment où j'en avais besoin, de me relaxer complètement, de m'isoler des problèmes que je rencontrais pour me concentrer sur ma forme physique et morale, et ensuite revenir, ragaillardi, sur les problèmes et prendre les bonnes décisions. Dans un exercice de navigation en solitaire qui dure quatre mois, cette faculté de pouvoir contrôler son corps est extrêmement importante.

Arriver à un contrôle absolu est cependant impossible. Il y a des moments où le sommeil devient une obsession, quand, par exemple, on est tellement fatigué qu'on ressent dans toutes ses fibres le besoin de dormir. On se dit en même temps que le moment est mal choisi pour abandonner les commandes du bateau... On a tellement peur de ne pas se réveiller, de dormir trop longtemps... On se dit : « Il faut que j'avance plus loin, je ne peux pas aller dormir sans réduire la toile et si je réduis la toile je ne vais plus avancer, je ne vais jamais foutre le camp de ces Quarantièmes... » Il faut prendre garde à ne jamais se laisser entraîner trop loin dans ce cercle infernal. Il y a un stade de fatigue à ne pas dépasser. Au-delà on risque de devenir inopérant, et peut-être même maladroit. Le moindre geste devient compliqué. Il y a un phénomène que tout le monde connaît : c'est l'hallucination, qui survient selon les individus au bout de trente, quarante ou soixante heures sans sommeil. Il faut tout faire pour ne jamais aller jusqu'à ce seuil.

C'était ma grande peur pendant tout ce

Tour du monde. Les deux ou trois fois où je me suis laissé entraîner un peu trop loin, (c'est-à-dire que je n'avais pas pris de sommeil depuis une cinquantaine d'heures), je récupérais exactement comme un plongeur opère une décompression : par paliers. Je commençais par prendre du sommeil dans des conditions d'inconfort telles que j'étais sûr de ne pas pouvoir dormir ainsi trop longtemps. Par exemple je m'allongeais dans le fond du bateau pour faire un peu de gymnastique de décompression, puis j'allais m'asseoir sur le fauteuil de barre où je restais somnoler une heure ou deux. J'appelais ça ma phase de filtrage, comme on filtre des impuretés. Ensuite seulement je pouvais rejoindre ma couchette où je savais que je trouverais le vrai sommeil réparateur. Mais même là je prenais garde à limiter mon temps de sommeil. Quand vous roulez en voiture, vous pouvez vous arrêter sur le bas-côté et vous octroyer huit heures de sommeil. En mer, il n'y a pas de bas-côté et aucun marin n'a les moyens de dormir profondément, pendant longtemps, avec l'espoir d'oublier tout. Alors je branchais le klaxon d'alarme, genre klaxon de sous-marin de la deuxième guerre mondiale, et je le programmais sur une heure ou une heure trente. Ce klaxon ne pouvait s'éteindre qu'une fois descendu de ma bannette à l'autre bout du bateau. Sa sirène cause un tel traumatisme qu'au bout de quelques jours, vous avez la prescience qu'elle va se déclencher et vous vous réveillez une minute avant pour aller la débrancher! A peine l'a-t-on coupée, qu'une envie furieuse de retourner dans la bannette vous assaille. Mais au bout de trois minutes cette envie diminue. Je me fais chauffer un décaféiné, je m'occupe du groupe électrogène, je regarde la table à carte, la distance parcourue, les vents, et c'est reparti...

Pendant tout le temps que je vais rester dans la brume – plus d'une dizaine de jours – je vais partager mon temps entre les périodes de sommeil – autant pour me reposer que pour me déstresser – et un retour sur moi qui va me ramener vers les rives de l'enfance.

Comme il n'y a rien d'autre que moi et mes souvenirs, je me surprends à me parler tout seul. A un moment je m'appelle « mon petit gars »! et ça me fait tout drôle... Lorsque j'étais petit, dans les quatre ans, mon père m'appelait souvent comme ça et je me retrouve à quarante-cinq ans, à me parler de la même façon que le faisait mon père pour m'encourager parce que j'étais un garçon rachitique. J'avais du mal à courir, j'étais cagneux. Je suis né en 1944... un enfant de la guerre... j'ai été vachement soigné dans mon enfance, je n'étais pas costaud, j'étais souvent malade, alors mon père, pour m'encourager, me disait : « Vas-y, petit gars ! ». Je ris de voir que je suis en quelque sorte retombé en enfance et en même temps cela me touche. Ma mémoire s'ouvre à d'autres souvenirs, à des images qui reviennent, des périodes de ma vie qui ressurgissent, avec une lumière que je ne leur ai jamais vus. Les souvenirs et les émotions m'atteignent à ce moment-là comme si je les vivais pour la première fois... Peut-être parce que je n'ai jamais été de ma vie dans des conditions aussi extrêmes. C'est le regard des autres qui interrompt notre histoire, puisqu'on est obligés de les intégrer à notre monde ; les fils de notre histoire intime se distendent, se diluent. Et là, brutalement, c'est comme si les fils de mon histoire s'étaient renoués et que personne ne les avait interrompus. Le fait de me retrouver privé de connaissances et de contacts m'a ramené à redevenir un enfant. Il ne s'agissait pas du tout d'une quelconque vacuité mentale ni d'une errance morale ou intellectuelle provoquée par je ne sais quoi, l'effet pervers de la solitude... Au contraire, je me retrouvais dans mon vrai voyage à moi, qui est le voyage de l'enfance, le voyage vers soi. C'est toujours le même problème qui remonte à la surface : suis-je en train de tenir ce que, plus ou moins consciemment, je me suis promis dans l'enfance? Je réponds : « Oui », puisque j'accomplis ce que j'ai toujours rêvé de faire. Alors je suis aussi heureux qu'on peut l'être dans l'enfance.

La preuve : je ne me fais pas de souci, je coupe la brume. J'ai les rides en plus, mais j'ai l'impression d'avoir retrouvé la même innocence et la même pureté.

17

Le 24 février, je double le deuxième des trois caps, le cap Lewin. Je suis exactement à la moitié de mon Tour du monde. Je ne suis pas encore sorti de l'Indien mais j'en ai fait le plus gros. Il me reste à longer l'Australie, à arriver sur la Tasmanie... Ça va être mieux. C'est déjà mieux d'ailleurs, car la visibilité est revenue. Et j'atterris progressivement dans le monde des hommes... je commence à rentrer dans l'atmosphère. L'Australie n'est plus qu'à trois mille kilomètres. Quoi qu'il arrive je peux remonter sur la côte australienne de manière peinarde. Si je démâte, je pourrai faire la route vers une terre... sans compter que j'ai toutes les chances de rencontrer un cargo en chemin. Je sors du monde très sauvage, les hommes se rapprochent.

J'ai la sensation presque physique de la présence du continent. C'est plus dans ma tête que dans la réalité : trois mille kilomètres, c'est tout de même une distance considérable. Mais psychologiquement je me sens rassuré. La mer commence à être emprisonnée, elle devient une mer avec des points de repère. Je n'ai plus la sensation de marcher sur un tapis roulant qui avance à l'inverse de moi. Je progresse enfin : chaque degré correspond à quelque chose. Et je suis content de sortir de l'Indien. Plus vite je serai sorti de cet océan pourri, mieux cela vaudra. Je sais que je ne suis pas loin de l'endroit où Dominique Guillet a disparu. Nous sommes passés là il y a quinze ans... C'était un matin de mauvais temps... une mer énorme nous avait bousculés toute la nuit. J'étais dans ma bannette, à peine réveillé, et le radio était en train de bidouiller à un mètre de moi. C'est comme ça que j'ai appris, par un autre bateau, que Dominique était à l'eau. C'était le premier mort de la course. Et c'était un vrai bon copain... Son équipage l'avait perdu. Entre la colère et le chagrin, on ne peut pas juger... Qu'est-ce qu'on aurait fait de mieux, de plus, à leur place ? Il faut une sacrée ignorance des choses de la mer pour oser juger. La mer était vraiment très forte ce jour-là ; nous, dans la nuit, on s'était bien fait coucher une ou deux fois, le mât dans l'eau. Il n'y avait vraisemblablement rien à reprocher à l'équipage : on ne peut pas reprocher qu'un homme tombe à l'eau, c'est impossible. S'ils n'ont pas pu le récupérer, je n'aurais sans doute pas pu le récupérer moi-même.

J'ai le cafard de repenser à tout cela et d'un autre côté je constate une fois de plus que j'ai vraiment de la chance puisque, quinze ans après, je repasse au même endroit en trimaran : la vie m'a été clémente. Mais cela a-t-il dépendu de moi... ou du destin, uniquement du destin ? Dans tout ce que nous faisons, tout ce que nous réussissons, le travail, la volonté, l'acharnement... tout cela compte certainement... mais si la chance n'est pas avec nous, rien ne se passe.

Dans la solitude des mers du Sud, de telles pensées prennent plus de force, plus de présence. Il n'y a personne en face de vous pour dévier l'aiguillage de votre pensée. Contraint au recueillement, on se dit : « Dans quelques années ce sera mon tour de faire mon trou. » Sans la moindre tristesse. Ce n'est pas une pensée lugubre ou morbide. La mort appartient à la vie, il ne faut jamais l'oublier. Même s'il n'y a rien de pire que la mort. La mort, c'est quelqu'un qui vous coupe le bouton de la télé, qui arrête le film au moment ou vous avez envie de voir la suite. Dominique avait envie de connaître la suite. Gillard, de Roux, Caradec, Moussy... également. Mais la projection s'arrête et on passe à travers. Voilà. C'est parce que des hommes ont pris des risques dans ce métier et que ce métier leur a porté la merde qu'il faut continuer à naviguer et à faire des choses risquées. Sinon c'est se conduire comme un goret. C'est une question de dignité. La dignité de notre métier c'est de continuer, d'aller au bout. Quand les hommes vont au bout des choses, au bout de leurs convictions, c'est peut-être le seul moment où ils ne sont pas trop minables.

Dans mon cas, il n'y a rien de commun avec un quelconque goût du risque. J'ai le goût de la vie. Et le fait de vivre, c'est risqué. Voilà tout. Je n'ai pas le goût du risque pour le risque, comme les cascadeurs. Et encore : les bons cascadeurs, les professionnels, n'ont pas non plus le goût du risque. Ils prennent des précautions incroyables...

Tout individu est appelé à mourir. Il faut l'inclure dans son raisonnement intime. A partir du moment où cette évidence éclate, il n'y a plus aucune raison d'avoir peur. De toute façon, nul n'a le choix. Il y a des choses qu'on peut choisir, d'autres pas. Et dans le panier des choses qu'on ne peut pas choisir, il y a celle-ci : « Écoutez, moi je suis désolé, moi Kersauson, veuillez me classer catégorie immortel. » A partir du moment où nous savons que ça ne marchera pas, ce n'est pas la peine de se conduire comme si nous étions immortels. Et agir en mortel, c'est choisir ses risques plutôt que les subir.

Moi, j'ai choisi le risque de la mer.

toute façon, nul n'a le choix. Il y a des choses qu'on peut choisir, d'autres pas. Et dans le panier des choses qu'on ne peut pas choisir, il y a celle-ci : « Écoutez, moi je suis désolé, moi Kersauson, veuillez me classer catégorie immortel. » A partir du moment où nous savons que ça ne marchera pas, ce n'est pas la peine de se conduire comme si nous étions immortels. Et agir en mortel, c'est choisir ses risques plutôt que les subir.

Moi, j'ai choisi le risque de la mer.

18

Le 28 février, enfin, je quitte l'Indien pour le Pacifique.

Le bateau marche bien, je profite d'un vent régulier et, depuis une dizaine d'heures, je suis assis à la table à cartes. J'attends le moment où je vais couper la ligne. J'attends VRAIMENT et je marque sur le livre de bord l'heure précise où, symboliquement, je passe d'un océan dans l'autre : 23h18. C'est comme si derrière moi se refermait une porte et là je pousse un grand « Ouf! » de soulagement : « Ciao océan de merde, ciao l'Indien. Adieu la crainte superstitieuse : “ Jamais-deux-sans-trois! ” » Parce que longtemps j'ai pensé que j'allais être le troisième sur la liste, après Dominique Guillet et Jacques de Roux. « Ciao océan pourri, Kerguélen maudites, albatros de merde, baleines à cornes, enfoirés de tout poil, gelures, crevures, saloperies! » Ah, je suis ravi! Ce n'est qu'une ligne imaginaire, mais comme l'imaginaire a toujours une énorme importance dans la vie, au moment où je franchis la ligne je bois un petit coup, je pisse à l'arrière, je fais des bras d'honneur. J'ai la douce sensation de voir le portail des enfers se refermer devant moi et je suis aux anges.

A partir de maintenant je vais pouvoir penser au retour. J'ai fait la moitié du parcours. Auparavant, chaque mille m'éloignait de Brest. A partir de maintenant, chaque mille va me rapprocher de Brest.

En passant la ligne, je change de cartes... Et qu'est-ce que je vois, en haut de la dite carte, à droite, bien étalée? La Polynésie! Samoa, Fidji, Tahiti, les Gambiers... Je commence à loucher sur ce coin droit. J'ai vécu trois ans en Polynésie, trois ans pendant lesquels j'ai été parfaitement heureux. J'étais fou de ce pays, j'en suis toujours fou d'ailleurs. Pour moi, dans la vie d'un gentleman, il y a deux choses intéressantes : la Bretagne et la Polynésie. Ces trois merveilleuses années passées en Polynésie me reviennent en mémoire : la vie dans les lagons, les croisières torse nu dans un Pacifique inondé de soleil, les copains, les bateaux... Des noms, des visages me reviennent... Et tout le dépliant publicitaire à la suite... Ce fut pour moi un choc extraordinaire. C'était la première fois de ma vie que je regrettais de ne pas être né dans un pays que je découvrais. J'ai tout de suite aimé les Polynésiens : il y a chez eux quelque chose qui parle au plus profond de moi. Ce sont vraiment des gens de la mer, ils sont entourés par l'océan. Mon schéma mental est proche du leur... Je ne connais rien de plus beau au monde que la Polynésie.

Je flippe tellement que j'essaie de capter Mahina Radio, en espérant entendre l'appel aux îles, les bateaux polynésiens se parler entre eux, etc. Mais je n'arrive pas à capter la fréquence, alors je le vis intérieurement, et ça devient très vite une obsession. D'autant que mon quotidien sur le bateau n'est pas si réjouissant que ça. Je viens de passer au sud de la Nouvelle-Zélande mais il me faut descendre encore, jusqu'à ce que j'ai doublé le cap Horn. Et le bateau qui fait de l'eau m'oblige à pomper. Je pompe comme un malheureux connard de Shadock que je suis, tandis qu'en Polynésie...

Mes souvenirs me font battre le cœur avec une telle violence, qu'à un moment donné surgit la vraie tentation de tout abandonner, de fuir l'horreur qui m'attend – le cap Horn – et de filer tout droit sur le soleil. C'est si bon le soleil ! Je ne l'ai pas vu depuis un mois.

Pourtant, voilà qu'au sud de la Nouvelle-Zélande, il perce timidement... et la température devient si clémente – il doit faire, au soleil, pas loin de 20° – que je m'installe sur le pont pour pique-niquer : nappe en papier et tout. C'est là que je me dis que je suis quand même un peu maso de vouloir déjà retourner dans la brume, tout juste après en être sorti. Qu'est-ce qui me prend de vouloir jouer les Tarzans des mers du Sud ? C'est pervers d'aller se frotter à l'enfer quand le paradis est à trois mille milles au-dessus de vous ! Et si je n'allais pas plutôt retrouver mes copains dans les lagons ? Histoire de se saouler la gueule et de revivre nos vingt ans... Le piège de la mémoire qui me tombe dessus. J'imagine déjà les plages, j'ai presque la sensation de leur sable fin et clair qui coule entre mes doigts... C'est l'appel des sirènes !

Je ne suis pas quelqu'un qui fonctionne

sur le plaisir, du moins je ne cherche pas forcément le plaisir dans toute chose, et avant toute chose. Mais là, il faut bien convenir que j'ai trois mille bonnes raisons d'abandonner : mon bateau fait de l'eau, mon électronique est mal en point. Si je me prends une bonne branlée je ne suis pas sûr que le bateau résiste bien. L'usure du matériel peut finir par déclencher une vraie cassure. Je vais peut-être mourir dans les dix jours alors que j'ai la possibilité d'aller m'éclater la tête au soleil !

Pendant toute une semaine je vis ainsi, en proie à une tentation insidieuse qui me gâche l'existence. J'essaie de me trouver de solides prétextes pour abandonner : je profite du temps clément pour réparer ce que je peux du bateau (je n'ai plus de paratonnerre, j'ai une fuite à la pompe à eau, etc.) mais en même temps je me dis : « Ça serait tellement mieux de réparer au soleil ! »

Pour tenter d'exorciser le dilemme, cruel, qui m'assaille, j'en expose les termes clairement, à haute voix. J'ai toujours procédé comme cela dans ma vie. C'est un bon moyen d'éloigner la tentation. Heureusement que je n'ai pas embarqué de musique tahitienne dans mes cassettes, car là j'aurais peut-être irrémédiablement craqué et toutes mes belles tentatives de raisonnement n'auraient servi à rien...

J'essaie donc de me raisonner : « Il faut continuer ce que j'ai commencé, c'est tout mon travail que je risque de foutre en l'air pour me jeter aveuglément vers le plaisir. » En guise de consolation je me promets de filer droit sur la Polynésie dès que j'aurai terminé mon Tour du monde.

La tentation est devenue une carotte : retourner en Polynésie après le Tour du monde. C'est une première étape vers ma décision de continuer. Et puis, intellectuellement, je réalise que ça me gêne beaucoup de vouloir aller me vautrer avant d'avoir terminé le travail entrepris, sur lequel j'ai fait bosser pas mal de monde. C'est une deuxième étape. Enfin, je calcule qu'il ne me reste plus beaucoup de route à parcourir. Il me faut vingt-cinq jours ou à peine plus pour rejoindre le cap Horn, et après ce sera une formalité de remonter sur Brest... Ce n'est plus le bout du monde. C'est la troisième étape.

Et ainsi, de jour en jour, la tentation diminue jusqu'à s'estomper tout à fait. L'usure du temps a fait son travail : j'ai compris que je ne retrouverai jamais en Polynésie ce que j'y ai connu, c'est un miroir aux alouettes. Ce qui me fait rêver, en fait, ce sont mes souvenirs de jeunesse, enfouis à jamais. Je retrouverai la Polynésie, son charme, c'est vrai, mais ma jeunesse non. Je n'y retrouverai pas ce temps qui me fait encore battre le cœur.

Alors je me dis que c'est une connerie. Tout compte fait.

19

Le 7 mars, pendant que je me bats avec moi-même pour ne pas céder à la tentation de remonter droit sur la Polynésie, je franchis la ligne des 180°. Je retombe à la même date que l'autre moitié du monde, celle dans laquelle se trouve la France.

Le bateau va très vite. Je suis en passe d'établir un record, celui de la traversée du Pacifique entre le cap Lewin et le cap Horn. Un record dans le record, en quelque sorte. Et comble de bonheur, je le vis dans des conditions peu dangereuses. Le bateau est pris par des trains de houle qui toutes les trois minutes le font surfer sur la crête des vagues. En quarante-cinq secondes, ma vitesse passe de quatorze à vingt nœuds : *Poulain* prend la vague, accélère, accélère, et il part avec. Dans ces conditions, le bateau ne souffre pas physiquement. Je suis encore dans les Quarantièmes, mais c'est une belle mer, payante, aux conditions très agréables. Il y a presque un côté magique. La griserie de la vitesse et l'élégance, en plus. C'est fantastiquement élégant un bateau de vingt-trois mètres qui passe de vague en vague. C'est une jouissance de tous les instants. A ce moment-là, on entretient avec le bateau un rapport quasiment charnel.

C'est un rapport physique, de toute façon, un bateau. Quand on est embarqué aussi longtemps, le bateau on le sent comme ses chaussures. Vous les mettez le matin et dans la journée vous n'y pensez plus. Sauf si elles sont mal adaptées à votre pied. Elles reprennent existence quand vous butez sur un rebord de trottoir ou quand vous marchez dans une merde de chien. Sinon elles n'existent pas. Le bateau c'est pareil, c'est un prolongement, c'est un outil que j'ai dans la main.

Assez vite, au bout de trois semaines maximum, dans une grande traversée comme celle-là, le bateau fait corps. Il transmet toutes sortes d'informations, comme un membre tactile, qui sont reçues par le cerveau sans analyse. Les données sont classées à toute vitesse et rentrées. Il n'y a plus de surprise. Il faudrait un mouvement sacrément inhabituel pour qu'on se rende compte de quelque chose de différent. Là où surgit la perturbation, c'est quand le bateau change de rythme, quand on passe du vent arrière au près. On change d'informations, il faut se remémorer des données pour pouvoir se rééquilibrer. Mais ce travail se fait heureusement vite, presque inconsciemment. Sinon on ne pourrait pas dormir... Pendant le sommeil, tous les mouvements du bateau sont également analysés, inconsciemment. Seul un mouvement anormal déclenche l'alarme. C'est comme lorsque quelqu'un dort à côté de vous en voiture pendant que vous conduisez. Seul un coup de frein brutal ou une accélération subite le réveillera. C'est pareil en mer. On devient très vite un homme-bateau, une espèce de mutant pour qui le voilier est un prolongement naturel de soi. Rien à voir avec ce qu'on appelle l'accoutumance, car l'accoutumance est passive, le pilotage est actif. C'est plutôt un phénomène de connaissance : on a assimilé complètement la notion de pilotage. Au bout d'un certain temps, on serait capable d'annoncer les chiffres des cadrans sans les regarder, uniquement à la sensation. On devient meilleur marin au fur et à mesure que le bateau se dégrade irréversiblement. A la fin de mon Tour du monde, le mât, la voilure et la plupart du matériel embarqué seront bons pour la casse. Mais c'est parce qu'on gagne soi-même en aisance et en connaissance du bateau qu'on arrive à pallier cette usure. Sinon une traversée en solitaire ne serait qu'une lente dégradation inéluctable qui conduirait à rien. Ou à la mort de l'homme et du bateau.

A force de décomposer entièrement, mentalement, chaque manœuvre avant de l'exécuter, je suis parvenu à une série d'automatismes. Il n'y a pas une manœuvre – sauf les manœuvres d'urgence sur le pont – que je n'ai faite sans l'avoir disséquée au préalable. Comme quelqu'un qui se lève et avant de se lever se dit : « Je pose d'abord le pied droit, ensuite le gauche, j'enfile la chaussette droite, puis la gauche, je mets mon pantalon, mes chaussures, ma chemise, je vais à la salle de bains... » Tout cela ayant pour but de ne rien laisser au hasard et d'obtenir une parfaite concentration de l'activité. C'est comme un exercice de commando, on récapitule : « Voilà, la porte va ouvrir à 10h05, il faudra que la grenade soit dégoupillée à 10h05 plus une seconde », etc. On écrit dans sa tête le scénario complet d'une action qui doit être totalement dominée. Si un événement étranger se produit, il sera plus facile de prendre l'exacte mesure de cet inattendu... L'intérêt de tout rationaliser dans un domaine où l'irrationnel est roi, c'est de se confronter à l'imprévu. Un imprévu qui engendre des réflexes. Si par exemple le mât devait tomber, je m'étais imposé un certain nombre de règles, ne jamais sortir sans le couteau à la taille, par exemple. Si je m'apercevais que je l'avais oublié, je redescendais le chercher. Même chose pour toutes sortes d'opérations... une véritable *check-list* que je m'astreignais à observer. A la limite, j'aurais presque pu en faire un programme d'ordinateur...

Ce sont tous ces automatismes, la confiance acquise dans mes réactions à bord du bateau, qui me permettent d'apprécier à son juste prix cette fin des Quarantièmes. Le trimaran marche superbement bien, au surf sur les vagues. Je me sens presque en état de grâce, j'ai la conviction de tenir « le bon bout », comme on dit. Je suis sorti du pire, le bateau est abîmé, mais j'ai beaucoup plus confiance dans le Pacifique que dans l'Indien et Claude Fons ne m'annonce que de bonnes nouvelles sur la météo. Alors je navigue calmement, pour mon plus grand plaisir, et j'arpente le pont cigarette au bec.

Je ne comptais pas m'arrêter de fumer avant de partir pour ce Tour du monde. Je n'ai jamais décidé de m'arrêter de fumer. Pendant une traversée je ne bois pas, je ne baise pas, je peux quand même me tirer mes clopes. En plus, en milieu maritime, on vit au grand air les neuf dixièmes et demi du temps ; il y a sûrement moins de danger à fumer en mer qu'à fumer à Paris... Un petit clope, ça tient chaud, ça tient compagnie. Alors je fumais, sans trop d'excès, deux paquets par vingt-quatre heures, mais des cigarettes très légères. J'avais embarqué aussi du tabac à rouler au cas où j'aurais épuisé mon stock. Heureusement, je ne me suis pas trouvé en manque. A un moment il m'a fallu faire attention parce que je piochais trop fort dans mes réserves... ça m'a occupé d'avoir à penser à ça. Ce petit jeu du manque, qui vous accapare l'esprit dans le calme, est un parfait dérivatif contre la colère. Le tabac, il n'y a pas meilleur pour la santé mentale !

20

Le 17 mars, la météo me permet d'amorcer ma descente en direction du cap Horn. Je quitte les Quarantièmes pour pénétrer au-delà des 50° de latitude Sud. Le cap Horn se trouve à 57°. Avec les mers énormes qu'on rencontre dans le Pacifique Sud, il est recommandé de prévoir une marge de manœuvre suffisante qui permette de jouer avec l'axe du vent ou celui de la mer. A l'approche du cap Horn, les fonds remontent brutalement de deux mille mètres à cent ou deux cents mètres. C'est un haut-fond où la houle vient se briser, dominé par des montagnes de quatre mille mètres plongeant directement dans la mer. Elles détournent les vents d'ouest et surtout créent une onde supplémentaire dans l'eau. Par gros temps, les vagues, à cet endroit, peuvent défiler à quinze ou vingt nœuds. Le bateau doit foncer au moins aussi vite pour éviter les chocs... pour ne pas risquer de se trouver bloqué, pour ne pas risquer non plus d'être rejeté vers la côte. Il est donc nécessaire d'aborder l'entonnoir en descendant au minimum à 58° Sud et en filant bon train. C'est pour cela que j'amorce la descente si tôt, alors que je ne serai pas à la hauteur du cap avant une semaine. C'est la bonne période... Il ne faut pas non plus se positionner trop tôt, sans quoi on risque de prendre inutilement tous les ennuis du mauvais temps et les dangers qui s'y attachent.

Commence pour moi une période de navigation très plaisante. Terriblement physique, mais plaisante. La descente s'effectue de façon régulière, rapide. La mer est rugueuse, avec des vagues très formées, de dix à douze mètres, et des rafales de vent à cinquante nœuds. Là, c'est une vraie belle mer du Sud, une mer bien sauvage, avec des bleus acier, des bleu-noir. Lourde, forte, haute. Il n'y a plus d'horizon en dehors de la lame qui est devant moi. Mais j'ai connu bien pire.

C'est une navigation toute en force... Pendant au moins une cinquantaine d'heures, j'essuie un grain chaque vingt minutes. Ça me rappelle les grains tropicaux, qui déferlent souvent avec ce même rythme de vingt minutes. A cette différence près qu'il ne s'agit plus ici de pluies tropicales, mais de grêle et de neige. Avec de la glace en dessert. Bientôt, les congères s'accumulent sur le pont du bateau rendu glissant. Pendant cinquante heures je manœuvre donc entre les grains, avec une régularité de quasi-métronome. Mais je me sens bien, je domine entièrement une telle mer. Je renvoie de la toile, j'affale, je renvoie de la toile, j'affale... Au bout d'un moment, trois ou quatre heures – quand j'ai réalisé que ni la nébulosité ni la pression ne se décident à changer –, c'est devenu presque un gag pour moi. Je sais que j'ai vingt minutes entre chaque grain. Des beaux grains, avec une neige qui tombe bien raide et qui obscurcit le ciel quand elle tombe. Puis j'ai de nouveau du bleu, puis ça recommence, le ciel redevient noir... Voilà le grand beau Sud, sauvage et dégueulasse comme on peut le connaître, comme on l'aime aussi quand on a appris à le pratiquer.

Il m'est impossible de prendre un sommeil long. Si je prends mon heure et demie réglementaire, j'essuierai trois grains pendant mon sommeil, et donc sans doute trois occasions rêvées de chavirer... Je me contente de m'assoupir cinq ou six minutes sur le fauteuil de barre, et, avant chaque grain, je m'occupe du mieux que je peux. Je bouffe, je fais ma toilette, je me rase. C'est la première période depuis mon départ au cours de laquelle je me rase tous les jours; ma première période de coquetterie. Et en même temps, elle est complètement légitimée par d'autres motifs. D'abord, il commence à faire vraiment frisquet... quand je descends du pont, ma barbe reste humide, avec de l'eau froide et salée qui me coule sur le corps. Et puis, avouons-le, je me suis aperçu que ma barbe avait blanchi! Pas à cause de la neige... Ma barbe est devenue poivre et sel et... mon moral a noirci. Du coup, je me rase tous les jours pour ne pas garder cette image de moi, quand je me suis vu dans la glace. Depuis le départ, je m'étais toujours regardé sans me voir. Et là, tout d'un coup, je me suis VU : ça faisait cinquante jours que j'étais dans le Sud mais avec cette barbe blanche j'avais l'air d'avoir pris vingt ans. Je ne crois pas cultiver beaucoup la beauté dans le quotidien mais cette image de moi blanchi m'affecte parce qu'elle est trop tangible. Parce qu'elle traduit trop la réalité du temps qui passe. Je bute sur un autre chronomètre, qui n'est plus celui de ma table à carte : celui des années envolées.

En vérité, il y a un autre moment où je me suis VU, pendant la traversée, c'est pendant les fameuses trente heures où j'ai été si humilié par l'impuissance et la peur. J'avais commencé à prendre des notes, mais je me suis dit qu'écrire ce que je ressentais ne suffisait pas. Alors je me suis filmé, en gros plan. L'image de soi suant la peur, c'est une image dégueulasse, plus dégueulasse encore que l'image qui accuse les ravages du temps. Devant l'horrible miroir non déformant de ma gueule tournée en vidéo, je me trouvais acculé au fin fond de mes limites. « Connais-toi toi-même » a dit le sage de l'Antiquité. On en revient toujours là, au risque d'enfoncer les portes ouvertes et d'arpenter les sentiers battus. Je crois qu'à partir du moment où on se connaît, et où on essaie de ne pas se faire trop de cadeaux, on est mieux équipé pour faire un bout de chemin en direction de ses contemporains.

Qu'est-ce qu'un autre? Ce n'est jamais qu'un reflet de nous, habillé différemment, avec une peau différente. Les formes, les couleurs, les races, les goûts, les concepts... sont différents d'une société à l'autre, mais l'histoire de l'humanité repose sur une colossale communauté de destin. Depuis qu'il y a des hommes, ils se sont toujours aimés de la même manière et ils ont toujours souhaité plus ou moins les mêmes choses. Malgré cela, l'ignorance de notre prochain est colossale. A cause du peu de moyens intellectuels dont nous disposons, à cause de la richesse et de la complexité de la nature humaine. Et aussi parce que nous vivons dans une société qui est obligée de bâcler la réflexion sur la nature humaine. Il lui faut vivre avant de réfléchir. Le monde collectif dans lequel nous cohabitons par obligation, n'est qu'un agrégat d'individualités. Chacun d'entre nous est une histoire, avec une naissance non voulue, une mort généralement non souhaitée, et entre les deux des rêves, des souffrances, des chagrins, et parfois un peu de bonheur. A chaque fois c'est une aventure particulière, singulière... Quand on songe au peu de choses que l'on sait des gens que nous chérissons, les autres... Si on n'arrive pas à être un tant soit peu clair avec soi-même, on reste dans une incommunication profonde avec les autres. L'intensité de la communication ne se mesure pas forcément à la quantité de temps vécu avec autrui, à côté d'autrui. Tenir aux gens, être près d'eux moralement, ce n'est pas obligatoirement passer beaucoup de temps avec eux. Il ne sert à rien par exemple de vouloir « profiter » de la présence de quelqu'un en emmagasinant une réserve pour l'avenir. J'aurais pu me dire avant de partir : « Bon, je vais passer huit jours seul avec mon fils, pour en profiter, parce que je ne reviendrai peut-être pas... » On ne peut pas « profiter » des gens comme cela. On ne peut pas faire des conserves du temps. Ce serait trop simple.

21

Le 21 mars, jour de l'automne – dans le Sud – , je ne suis plus qu'à six cent milles du cap Horn. Il fait maintenant vraiment froid. Je n'ai pas une idée de la température exacte mais la neige qui tombe sur le bateau ne fond pas. Je porte des caleçons longs et des tee-shirts en soie par-dessus lesquels j'ai enfilé une combinaison polaire. Je dispose aussi d'une autre combinaison, que m'a fabriquée Cotten, à Concarneau. Une combinaison de vraie fourrure à l'intérieur et de tissu imperméable à l'extérieur. La nuit, je ne peux pas aller à la bannette à cause de la fréquence des grains, et je ne peux pas non plus me déshabiller parce qu'il faut que je remonte sur le pont pour réduire la toile à chaque fois. Alors, pour essayer de récupérer à l'abri, je m'allonge à même le plancher du bateau, tout habillé, sous une couverture de survie en aluminium. Ainsi, je dors cinq ou six minutes entre chaque grain. Parfois dix minutes, mais jamais plus.

Je n'ai pas de chauffage à l'intérieur, autant par économie que parce qu'il est mauvais de s'habituer à vivre dans un espace chauffé, quand on est obligé de sortir très souvent. De temps en temps, pour me donner l'illusion d'un peu de chaleur, je me contente d'allumer le gaz pendant quelques minutes. Et quand je fais de la cuisson, je laisse brûler le gaz un peu plus longtemps que nécessaire.

Chaque jour, je passe en moyenne sept ou huit heures sur le pont, à manœuvrer entre les grains. La mer est de plus en plus forte, très rugueuse, mais il n'y a pas de vagues croisées. C'est une mer que j'ai l'impression de pouvoir dominer facilement. J'abats environ trois cent quatre-vingt milles par vingt-quatre heures et déjà j'entrevois le bout de mes peines. Tous les jours, le risque de l'impossible diminue. Tous les jours je me dis : « S'il y a ça qui pète, je passe quand même, s'il y a ça qui pète, je passe aussi... »

De pouvoir à nouveau me situer très précisément est un autre facteur de réconfort. Auparavant, en particulier quand je naviguais dans la brume, j'avais les plus grandes difficultés à donner ma position. Les satellites couvrent mal la zone des Quarantièmes Rugissants. Elle est si déserte qu'effectivement ce n'est pas une nécessité première. J'ai aussi, embarqué sur le bateau, un récepteur d'ondes terrestres baptisé Oméga, qui permet, en fonction de différentes stations, de repérer exactement sa position par rapport à l'émetteur. Ce système, dans les Quarantièmes, était en rade totale : il ne captait plus rien, les stations étaient beaucoup trop éloignées. Maintenant, il refonctionne à merveille...

Je constate que ma position est très bonne, ce qui me rassure. Quand on arrive près du cap Horn, il y a toujours le risque de passer, de nuit, près de la caillasse, puisqu'il n'y a quasiment aucune habitation ni aucune lumière. Il existe bien un petit phare, flanqué d'une minuscule chapelle en bois, au sommet du rocher sombre qui tombe raide dans la mer... mais ce n'est pas un phare puissant. Quand on le voit, il est trop tard pour manœuvrer.

C'est le 24 mars que je franchis enfin le cap, dans des conditions exceptionnelles : le soleil brille et la mer est aussi plate qu'une toile cirée. On se croirait dans la baie de Quiberon en plein mois de juin. Il fait encore frais, mais il y a deux nœuds de vent, au grand maximum ! Je passe au plus près des rochers, car il y a deux mois que je n'ai pas vu une terre... Je n'aperçois aucun être humain, juste l'île Diego Ramirez, où s'est blottie une petite maison sous le vent.

Il y a de la nostalgie dans l'air... je quitte le Sud. L'azur est très pur, frais, pas un nuage dans le ciel, le monde du vent s'est arrêté, refermé derrière moi. C'est mon troisième passage au cap Horn, je ne l'ai jamais vu ainsi. D'ailleurs combien sommes-nous de marins à l'avoir vu par temps calme ? Mille trente-cinq millibars au baromètre, ça ne doit pas arriver souvent dans ces parages... J'ai la curieuse impression de visiter un champ de bataille apaisé. Les roches, les algues immenses qui viennent du fond de la mer, tout le sauvage de cette nature ne se nourrit manifestement pas de ce temps immobile. Le bateau avance à trois nœuds dans l'eau trop bleue, écartant les albatros posés sur ce lac enchanteur. Aucune houle. Juste le miroitement du soleil... Ce silence de la mer ressemble plus à celui des cimetières. Je regarde la côte déchirée avec l'attention que l'on porte aux visages des personnes que l'on n'est pas sûr de revoir.

D'autres visages, ceux des copains disparus en mer, me reviennent en mémoire. Je pense à mes morts, ceux que j'ai connus, puis à tous les autres marins. Tous ceux qu'un temps aussi calme aurait très certainement sauvés au moment de franchir ce cap meurtrier. Bateaux brisés, mâts arrachés, cris des hommes accrochés aux espars... et la mer furieuse qui détruit tout. Cet endroit véhicule des images implacables de mort et de souffrance humaine. Moi qui suis vivant, bien vivant, après deux mois de Sud, je me dis que j'ai eu de la chance. Mais je sais déjà intuitivement que le vent m'a abandonné et que ma remontée vers le nord s'annonce mal...

J'avance si peu vite que j'en profite pour changer ma grande voile... je ne comptais la changer qu'une fois dans l'Atlantique. J'ai emporté deux grandes voiles : une sans lattes pour le Sud, de manière à pouvoir la manœuvrer plus facilement, à pouvoir même la faire échapper en cas de besoin, et l'autre, lattée, pour la remontée. C'est un sacré boulot de replier une grande voile et d'en renvoyer une autre. J'y emploie ma journée, mais il fait si beau que je ne vois pas le temps passer. La visibilité est phénoménale. Je distingue même les sommets de la pointe de l'Amérique du

Sud. Tout semble s'être arrêté. J'ai l'impression d'être aux sports d'hiver, avec des pics enneigés pour horizon. Après ce que j'ai subi dans le Sud, ce serait malhonnête de dire que je regrette de ne pas avoir une « furie dans le cul ». Je savoure ce hasard presque incroyable. Du beau temps au cap Horn, il doit y en avoir trois ou quatre jours par an, pas plus. Mais le vrai miracle aurait été de passer avec un poil de vent en plus, mettons dix nœuds, pour aller plus vite.

A midi, j'abandonne momentanément ma voile pour m'octroyer une petite pose sur le pont, au soleil. Le cap est déjà loin derrière. La première fois que je l'ai passé, c'était il y a presque dix-sept ans. J'étais second de Tabarly. La deuxième fois, j'étais le patron de *Kritter*. Aujourd'hui je suis seul en multicoque. Reviendrai-je une quatrième fois? Pas sûr... J'ai l'impression que la boucle est bouclée.

Mais je ne suis pas encore rentré à la maison. Je me suis certes éloigné de la zone dangereuse en quittant les Quarantièmes, toutefois il peut encore m'arriver des mauvais coups dans le dernier quart du trajet... les huit ou neuf mille milles qui me séparent de Brest.

D'autant que mon électronique s'est mise à

me faire des caprices. Si je dois remonter dans la calmasse, comme je le redoute, il faut que mon électronique fonctionne. Le fait de ne plus avoir de girouette, par exemple, n'est pas pratique. Surtout quand il faut chercher le vent sans arrêt pour avancer. Je ne peux pas me permettre de gâcher la fin de mon parcours pour une connerie. Même si je dois perdre un certain nombre de jours pour réparer, cela me coûtera moins cher que d'être obligé ensuite de me traîner dans les petits airs, bloqué à la barre vingt-quatre heures sur vingt-quatre. L'électronique peut me faire gagner du temps... même si je m'arrête vingt-quatre heures, je vais les rattraper en finesse et en fatigue en moins.

Donc je décide de m'arrêter une deuxième fois, à Mar del Plata.

me faire des caprices. Si je dois remonter dans la carlingue, comme je le redoute, il faut que mon électronique fonctionne. Le fait de ne plus avoir de boussole par exemple n'est pas pratique. Surtout quand il faut chercher le vent sans arrêt pour avancer. Je ne peux pas me permettre de gâcher la fin de mon parcours pour une connerie. Même si je dois perdre un certain nombre de jours pour réparer, cela me coûtera moins cher que d'être obligé ensuite de me traîner dans les petits airs, bloqué à la barre vingt-quatre heures sur vingt-quatre. L'électronique peut me faire gagner du temps ; même si je m'arrête vingt-quatre heures, je vais les rattraper en finesse et en fatigue en moins.

Donc je décide de m'arrêter une deuxième fois, à Mar del Plata.

22

J'atteins Mar del Plata le 30 mars, aux environs de minuit. J'ai mis beaucoup plus de temps à rejoindre le port que je ne l'avais escompté. Peu après le cap Horn, le vent s'est levé, mais pas dans le bon sens... je l'avais de face et j'ai été obligé de galérer pour remonter. Puis j'ai essuyé une série de grains plus violents, des orages infernaux avec des zébrures d'éclairs dans tout le ciel qui n'étaient pas pour me rassurer. J'avais bien embarqué un système de paratonnerre sur le bateau, mais je l'avais perdu. Je pressentais que si la foudre me tombait dessus, j'aurais les couilles grillées d'abord, mouillées ensuite. Mon mât en carbone étant terriblement conducteur... Comme la plupart de mes antennes de réception sont des antennes alimentées, j'éteignais tout à chaque orage. Et je me serrais bien les pieds. Le plus meurtrier, dans l'orage, c'est d'avoir les jambes écartées. Parce que les éclairs montent en réalité du sol. C'est pour cela qu'on voit souvent des vaches foudroyées dans les champs, à cause de l'écart très grand entre leurs pattes qui provoque une différence de potentiel mortelle. Donc je vivais à pieds joints et ce n'était pas drôle du tout. D'autant que pendant quatre, cinq jours, j'ai dû affronter une mer très mauvaise, avec des vents dans tous les sens qui m'obligeaient à manœuvrer quasiment en permanence. Manœuvrer à pieds joints ! C'est presque un exercice de haute voltige !

En plus de la foudre, je redoutais également de prendre un coup de pampero, une spécialité locale de cette côte-là, une sorte de mini dépression extrêmement violente qui donne une mer infecte. Philippe Monnet en avait essuyé une qui l'avait obligé à fuir dans le sud à toute vitesse par une mer croisée extrêmement dangereuse et il avait failli chavirer. Il était même tellement sûr de son coup qu'il avait sauté à l'eau pour être du bon côté au moment où le bateau se retournerait....

Quoi qu'il arrive ici, je sais maintenant que je reviendrai vivant. C'est la grande différence avec le Sud. Depuis le passage du cap Horn, j'ai l'impression d'être rcvenu chez les hommes. Je suis en train d'atterrir alors qu'avant j'étais chez monsieur et madame Désert, hôteliers du Grand Sud. D'ailleurs c'est à cette époque-là que je revois mon premier bateau, sur tribord. Un bateau très éclairé, une sorte de gros crevettier. Je l'appelle par radio en plusieurs langues mais il ne me répond pas.

Mon entrée dans le port de Mar del Plata est un peu délicate. Un banc de sable de plusieurs kilomètres barre le passage et comme j'arrive de nuit, il faut être très attentif. Surtout que je ne possède pas de carte détaillée de cette côte et que le balisage laisse à désirer. Je me suis fait donner le plus possible d'indications par radio qui m'ont servi à exécuter moi-même une sorte de croquis, montrant les différents chenaux. J'arrive à m'en tirer avec l'aide du temps, qui est retombé au beau calme. Et en allant peu vite, je réduis le risque de foncer droit sur le banc de sable.

Une fois le banc passé, je sais qu'on m'attend. Une vedette me guidera jusqu'au milieu du bassin où je vais m'amarrer. Avec encore l'interdiction de poser pied à terre, pour raison de règlement du Tour du monde.

Poulain se retrouve tout seul au milieu d'un immense bassin vide du port de commerce, en face du Club Nautico. Amarré à une bouée blanche, repeinte spécialement pour moi. C'est gentil. J'ai l'impression d'être en quarantaine... De la terre, j'entends les rugissements des lions de mer qui se chamaillent au bout d'une jetée de pierraille. Il y en a toute une colonie de ces bestiaux énormes, gros phoques à crinières, orgueil et emblème de Mar del Plata. De l'autre côté du port, m'arrive en plein l'odeur puissante des centaines de bateaux de pêche jaunes et rouges... Une odeur peu agréable, qui cocotte le poisson avancé. Sur fond de hangars pleurant de rouille et de conserveries, par une nuit éclairée de projecteurs. L'air est frais, c'est la fin de l'été austral.

D'habitude, quand on arrive quelque part en bateau, c'est nous qui allons chez les autres. Ce ne sont pas les autres qui viennent chez vous ; mais là ce sont les terriens qui montent à bord, et cet instant est un peu irréel. Depuis deux mois, j'ai vécu dans la solitude absolue, et tout d'un coup, c'est l'heure de pointe sur mon voilier. Les gens montent, passent, me disent bonjour. Je leur réponds, je n'en suis quand même pas au point d'avoir oublié qu'on disait bonjour en société, mais je ne les vois pas. Je suis ailleurs. Le soir on me monte à bouffer, un kilo de viande que je dévore comme si c'étaient des petits fours. Dans le carré il y a Jean Castel, Christian Bex, Caroline, Didier Ragot, Yves Pouillaude... Je les découvre installés dans mon décor et se mouvoir comme si j'avais en face de moi des fantômes. Je suis assis à ma place habituelle, à ma table à cartes... et je les vois, là où je ne vois personne d'habitude. Avec cette impression que je n'ai pas débarqué, ce qui est vrai d'ailleurs, et que je suis toujours en course. Leur présence me fait extrêmement plaisir, ce sont des gens que j'aime bien, ma famille, mes amis, mon équipage... Ce ne sont pas des gens de rencontre ni de hasard, ni des emmerdeurs ou des journalistes. Mais j'ai du mal à être en phase avec eux. On fonctionne presque par monologue. Ils me posent des questions auxquelles je ne réponds qu'après un long temps de décalage. Comme si le contact était difficile à établir, ou que la liaison devait passer par satellite.

Aucune des rencontres que j'ai faites dans ma vie ne correspond à celle-ci... qui n'est pas pour durer. On ne va pas sortir ensemble dans les bistrots, se saouler la gueule. Ils sont entrés dans un décor que je ne quitte pas, mais eux vont quitter ce décor très vite. Pour moi c'est l'équivalent d'une apparition.

C'est aussi l'occasion de faire le premier bilan de ce que j'ai vécu dans les Quarantièmes, après des mois pendant lesquels je me suis parlé tout seul. Je vois, à leurs regards, que je leur raconte ça un peu comme je dresserais le bilan d'une opération militaire... Je vois qu'ils réalisent les moments très durs que j'ai vécus.

En pénétrant dans la cabine, Christian a remarqué sur le tableau de bord les trois noms que j'y ai inscrits : Chichester, Colas et Vietnam. Ces trois noms n'étaient pas là à mon départ, je les ai inscrits dans le Sud. Pour me donner du cœur au ventre, ne pas me laisser abattre. Chichester, parce que le parcours avait été fait par un homme âgé, seul, à une époque où encore peu de gens s'y étaient risqués. Colas parce qu'il avait réussi le parcours lui aussi, en plus de temps, avec un bateau que je connaissais, et parce que c'était un mec bien... disparu en course. Vietnam parce que c'est la guerre à laquelle j'ai échappé. Il y a plein de mecs qui l'ont faite sans le vouloir. Ces trois noms contrebalançaient tout ce que je pouvais craindre. Je n'avais pas tant que ça à me plaindre ; j'étais peut-être à la guerre, dans le Sud, mais au moins on ne me tirait pas dessus. Je crois que ce qu'il y a de pire, c'est de partir à la guerre à vingt ans, de voir ses copains tomber, de tomber soi-même dans un conflit de merde qu'on n'a pas choisi. La guerre du Vietnam, quelqu'un de ma famille l'a vécue comme photographe dans une agence américaine. Mais je n'ai pas voulu y aller, quand j'étais, moi aussi, photographe, parce que j'avais peur de finir dans la pire des débauches guerrières. Je savais, quand j'avais vingt-trois ou vingt-quatre ans, que cette violence était susceptible de me capter, de me fasciner. J'ai réussi de justesse à y échapper.

La mer, c'est l'auberge espagnole : on emmène ce qu'on est, on vit ce qu'on est. La mer est un révélateur fantastique de chaque être. Elle n'apporte rien par elle-même. J'avais écrit ces trois noms pour me fixer des points de référence. Pour être convaincu que tout ce que j'endurais aurait pu être bien pire encore.

J'ai déjà dit tout le mal que je pensais de la mort, comment je la trouvais obscène. Et j'aime encore moins le culte de la mort, d'ailleurs. Ces trois noms, qui valaient leur pesant de mort, n'avaient rien d'une pulsion morbide, au contraire. Il faut se servir de la mort pour vivre. Il faut se servir des gens qu'on a aimés et qui sont morts pour essayer d'avoir une vie moins conne. Toute vie est vanité si elle n'est pas pénétrée de l'idée de mort. Mais profiter de la vie ne veut pas dire non plus qu'il faille se laisser aller à une débauche existentielle. Profiter de la vie, c'est être digne, conscient, exigeant. Ne pas se plaindre, jamais, tant qu'on a la vie pour nous. C'est la seule chose que l'homme n'achète pas, qu'il ne peut pas se procurer dans un magasin. Je me souviens que j'habitais près de l'hôpital américain de Neuilly quand Onassis est mort. J'avais des soucis à ce moment-là, et j'étais cruellement fauché. Mais à la seconde même où il est mort, j'étais plus riche que lui parce que je possédais ce qu'il ne pouvait plus acheter, avec toute sa fortune. Je crois que là réside l'essence de la vie, ce qui fait son plaisir. Notre concept de civilisation « des loisirs » a perverti tout cela. Comme si la vie pouvait se diviser en tranches... une tranche travail et une tranche récréation. La vie tout entière est une récréation, avec des moments forts, qu'on ne voit pas passer, des moments de routine, et des moments pénibles, où le temps semble s'écouler moins vite.

23

En quarante-huit heures, le bateau est presque entièrement remis en état. Le gréement a été revu en détail, un groupe électrogène a été remonté et surtout nous avons vidé les flotteurs. Je savais que j'avais de l'eau à l'intérieur mais je n'avais pas une idée précise de la quantité. J'ai demandé une pompe électrique qui a explosé au bout d'une minute et j'ai vite renoncé à pomper moi-même. Didier a pris ma place et il a retiré dans l'un des flotteurs, près de six cents litres à l'avant, trois cents au milieu et trois cents à l'arrière. Le bateau a perdu ainsi un peu plus d'une tonne d'eau mais nous avons eu beaucoup de mal à repérer la fuite. Il suffit d'un trou d'épingle pour remplir le flotteur, avec la pression et la vitesse. Il aurait fallu mettre le bateau à sec, recouvrir les flotteurs d'eau savonneuse et injecter de l'air comprimé dedans pour voir d'où venait la fuite... mais cela bien entendu je n'ai pas le temps de me le permettre.

La météo annonce un important régime anticyclonique sur l'Atlantique et je vais sans doute remonter dans la calmasse. En ayant peu de vitesse, mon flotteur se remplira moins vite. Je repars donc sans avoir étanchéifié la fuite.

Je quitte Mar del Plata le 1er avril avec le sentiment que mon Tour du monde est presque fini, que je rentre à la maison. Le parcours Atlantique Sud-Nord est sans grand intérêt. Ce n'est plus de l'aventure, c'est presque du convoyage.

J'appareille dans des conditions paisibles. J'ai envoyé la voile au mouillage avant d'être en mer... La vedette qui me pilote vaguement n'a pas besoin de me tirer. A bord, il y a Didier, Yves, et toute l'équipe d'Argentine. Je n'ai jamais été reçu de ma vie comme je l'ai été à Mar del Plata. Les Argentins sont restés jour et nuit à bord. L'un d'eux a briqué le pont de fond en comble; un autre a fait la vaisselle... Le bateau n'a jamais été aussi propre et, en même temps, ils savaient rester discrets et très bien élevés. Je garde un souvenir ému de ces gens du Yacht Club qui étaient au moins quatre ou cinq à bord et qui n'avaient pas la mentalité Yacht Club. C'étaient de vrais marins, des gens de la mer. Ils étaient là pour aider, pas pour donner des conseils stupides ou pour admirer le travail des autres. Quand ils quittent le bateau on se fait des grands gestes d'au revoir.

Pendant deux jours, j'ai du mal à décoller de la côte : je ne trouve pas de vent, je dois filer cinq nœuds au maximum. Le troisième jour je récolte un peu de vent et puis ensuite rebelotte, la calmasse, le Pot-au-noir. Et pas un petit Pot-au-noir... un Pot-au-noir pot de colle qui se déplace en même temps que moi, traînant la pluie. Je n'ai pratiquement pas connu de pluie pendant ce Tour du monde, sauf deux jours d'averses tropicales pendant ma descente...

C'est alors que je m'aperçois, en manœuvrant, que le galhauban bâbord a plusieurs torons cassés. Le gréement a été entièrement révisé à Mar del Plata et je découvre après cinq jours de mer que j'ai cinq torons de rompus sur le filin d'acier. Si je l'avais vu à Mar del Plata, je l'aurais changé, mais il n'y avait aucun signe d'amorce d'un début de rupture. On a fait une surveillance énorme et ça me casse quand même entre les pattes alors qu'il n'y a pas de vent exceptionnel, ni de clapot. Ça me fait froid dans le dos. Il va falloir que je fasse rudement attention. Je vois bien que le bateau a beaucoup souffert... il va donner maintenant sans cesse de nouveaux signes d'usure, même sur les pièces du gréement dormant dont on n'imagine pas qu'elles puissent travailler et s'user par temps calme, et pourtant...

Je suis partagé entre la rage de ne pas avoir d'air et la résignation de me dire qu'à toute chose malheur est bon. La ferrure de baume, une pièce d'inox qui doit faire quarante-trois millimètres d'épaisseur sur vingt-huit de largeur est en train de se fissurer... Je suis obligé de percer un trou à la chignole, pour endiguer la fissure. Le bateau se détricote déjà sur tous ses rangs; or à proximité de l'équateur j'aurai à affronter une sorte de turbulence générale, avec d'énormes orages sur l'Amazonie. Le bateau risque de souffrir encore plus.

Pour l'instant, englué comme je le suis, il est relativement épargné! Tous les jours, par radio, Claude Fons me promet que ça va changer mais je ne vois rien arriver. C'est un peu comme si tous les mouvements météorologiques qui me sont annoncés avortaient. Souvent, par radio, moi je dis : « Il y a une houle plein nord » et Claude me répond : « C'est pas possible, tu nc peux pas avoir cette houle-là. » Et pourtant, je l'ai. Personne ne comprend bien ce qui se passe sur cette zone.

Piètre consolation : dans les calmes, l'œil du marin a une bien meilleure vue que par mer agitée où chaque crête de vague est un petit talus qui peut dissimuler un animal ou tout autre chose. Et là, moi, dans cette calmasse qu'est-ce que je vois ! Un aileron gigantesque, qui dépasse d'au moins un mètre la surface de l'eau ! Je n'en ai jamais vu d'aussi gros. Il ne faudrait pas qu'il commence à me becqueter le flotteur ! On ne sait jamais avec ces animaux-là... Je ne les aime pas. Je ne les agresse pas mais je ne les aime pas. Chacun chez soi. J'ai entendu un jour dans une émission de radio, après la sortie du film *Orca*, une bonne femme spécialiste des orques à Antibes. Elle faisait un doctorat sur eux mais elle n'avait jamais dû en voir un seul de près. Elle expliquait que si l'orque était dangereux, « c'était parce que l'homme était mal intentionné, tout animal est bon au départ », etc. Quand on sait le nombre de marins qui ont été attaqués par des requins alors qu'ils avaient autre chose à foutre que de les embêter, ce genre de raisonnement, ce rousseauisme animalier, est d'une stupidité criminelle. On croit que les animaux qui vivent à l'état sauvage sont naturellement bons. Mais les animaux sont naturellement sauvages, c'est autre chose. Quand on pénètre dans leur cercle ils n'ont que deux réactions : la fuite ou l'attaque. C'est tout. Si on veut faire de la science il faut d'abord partir de cet axiome.

Et moi, mon requin phénomène, je comprends parfaitement qu'il puisse avoir a priori une sorte d'hostilité à mon égard, car la forme de mon bateau le perturbe et l'inquiète. Elle est étrangère à son milieu naturel. C'est tellement inhabituel qu'il peut avoir une réaction inhabituelle. C'est pour ça que je me serais bien passé de son voisinage angoissant.

24

Le 14 avril, je franchis l'équateur. Je ne suis plus qu'à quatre mille cinq cents kilomètres de Brest. Mais le bateau n'avance pour ainsi dire plus du tout. Normalement, je dis bien normalement, j'aurais dû toucher un alizé d'est sud-est avant l'équateur... je n'ai rien vu du tout! Je navigue en permanence sous foc léger à l'avant. Sauf quand c'est trop calme. Dans ce cas, je vire de bord tellement souvent que je préfère affaler mon foc. Pour tout avouer, je me fais sacrément chier dans ces petites manœuvres qui n'ont d'autre but que d'essayer de récupérer un soupçon de vent. La calmasse, la calmasse, la calmasse... Tous les jours je me dis que ça va repartir et puis je regarde le baromètre et je ne vois pas la pression atmosphérique amorcer le moindre changement. Les informations que me transmet Claude à ce moment-là ne sont pas bonnes. Les données qu'il reçoit proviennent des photos-satellites; elles sont bonnes pour les tendances générales, mais insuffisantes pour les prévisions locales affinées... insuffisantes pour la navigation à voile. Il y a des phénomènes qui peuvent se développer sous la couche nébuleuse prise par un satellite, et qui par conséquent ne seront pas analysés. Claude fait – ce n'est pas de sa faute – de la météo de speakerine. En plus il a tellement envie que ça marche... dès qu'un mouvement s'amorce quelque part, il s'enflamme et me laisse espérer. Mais rien ne vient. Chaque jour nous avons une discussion d'imbéciles au cours de laquelle nous nous réinventons une météo correcte alors que manifestement elle ne l'est pas. Pendant ce temps, je remonte péniblement en enchaînant des journées de cent, cent dix milles à tout casser.

Je sens monter en moi une colère énorme. Je vois fuir tout mon travail. Je m'étais fixé, dans le pire des cas, une moyenne de neuf nœuds pour remonter mais je suis très en dessous. Il fait beau soleil, et la nuit, dans le grand calme, les étoiles se reflètent dans l'eau et composent une nappe scintillante. C'est très beau. Tout cela a un côté grandes vacances et je succombe involontairement au charme, mais je traverse aussi des « foutus quarts d'heure ». Un jour, j'en ai tellement marre que je m'ouvre la seule bouteille d'alcool que j'avais embarquée, une bouteille de rhum. Je suis tellement à bout de nerfs que je suis incapable de me réciter du Kipling – « Si tu vois détruire l'œuvre de ta vie, tu seras un homme mon fils. – » A la place, je me dis : « Je vais être un homme avec un coup de rhum dans la gueule. » J'ai tergiversé une semaine avant d'ouvrir cette bouteille de gnôle mais un soir je craque et je me mets à la siroter consciencieusement. Après, je serai si abruti que je pourrai peut-être me refaire une santé. Parce que je ne dors plus. Je n'arrive plus à dormir tant je suis préoccupé par l'obsession de faire gagner un mètre au bateau. Je tente toutes sortes de manœuvres.

C'est un samedi soir, par hasard, que je me retrouve à me saouler. Comme si j'avais voulu être solidaire de tous les mecs dont la vie est tellement désespérante que la seule chose qui leur reste de bon le samedi soir, c'est de se saouler la gueule. Comme je n'ai pas l'habitude de boire de l'alcool (je n'ai bu que de l'eau depuis mon départ, excepté le petit coup de bordeaux le soir du réveillon), un verre à moutarde de rhum suffit à m'abrutir complètement.

Je n'en suis pas encore au point de penser que le record va m'échapper... Même en marchant à trois nœuds à l'heure, je crois que c'est dans la poche. Mais c'est une navigation d'imbécile à laquelle je suis obligé de me plier. Ma grand voile est comme neuve, le bateau est encore en très bon état du point de vue puissance de propulsion et il n'a jamais été aussi léger puisque les trois quarts de la bouffe et du fioul ont été consommés. J'ai balancé à la mer tout ce qui m'était devenu inutile. Donc le bateau est plus rapide qu'il n'a jamais été. Dès qu'il y a un peu d'air il décolle. Mais il y en a si peu... juste quelques heures par jour, et par petits à-coups seulement.

J'essaie de réprimer la colère en me raisonnant... C'est déjà une chance que d'en être rendu là, sur le chemin du retour, dans une expédition aussi incertaine. Je souffre de la calmasse mais j'aurais pu mourir dans les Quarantièmes et entre deux maux je n'ai pas de peine à deviner quel est le moindre. Alors je m'oblige à ne pas me plaindre, de toute façon cela ne sert à rien! Pour me calmer, j'en suis tout de même rendu à prendre sur moi, en mettant les mains à plat, en respirant profondément, en me concentrant pour évacuer la rage.

Le 26 avril, me voilà – enfin! – dans les parages des Açores. Je suis survolé par un Bréguet Atlantique venu repérer ma position. Et me saluer par la même occasion. Vu du ciel, *Poulain* doit faire triste mine : l'anticyclone s'entête à remonter avec moi et le bateau n'avance toujours pas, ses voiles pendent lamentablement. Je suis à mille milles de la maison. Avec un temps moyen c'est un parcours que le bateau peut faire en deux jours, deux jours et demi. Mais combien vais-je mettre dans ces conditions extravagantes ?

L'équipage du Bréguet m'annonce qu'il va me larguer de la bouffe. C'est un vrai spectacle de le voir manœuvrer, préparer son bombardement. Le colis tombe à cinq cents mètres du bateau. Il va me falloir cinq ou six minutes pour faire ces cinq cents mètres, de quoi m'occuper. Sur le moment, c'est très agréable d'ouvrir le container et de découvrir des escalopes, des tomates, du fromage, du pain, des bananes. Ça va me changer des conserves dont je commence à avoir vraiment marre... Mais je suis tellement tendu que je n'arrive plus à me nourrir normalement. Je suis pris de vomissements. Je ne parviens toujours pas à dormir, car je sais que dans le calme il suffit d'avoir dormi juste au moment où une petite risée se présentait pour avoir laissé échapper sa chance de se sortir de la calmasse. Dans une course comme La Rochelle/La Nouvelle-Orléans, j'ai vu des bateaux lutter bord à bord dans l'anticyclone des Açores et être séparés à l'arrivée par des écarts d'une semaine. C'est pour ça que je suis incapable de dormir et que je me sens nerveux. Je suis si brisé et si fatigué que je m'accorde mon premier café – mon premier excitant depuis le départ – pendant que je longe les Açores. Je m'étais retenu jusqu'ici, même au plus fort de la tempête dans les Quarantièmes, parce que je ne savais pas combien de fois j'aurais encore à puiser dans mes réserves profondes. Mais là, avec seulement mille milles à faire, je peux céder aux excitants. Ils m'aideront à tenir vingt heures de barre par jour pour essayer de progresser. La météo continue de se planter. Tout le monde dit que l'anticyclone va se décaler. Il se décale, c'est vrai : en même temps que moi. Sur ma route exactement... Un anticyclone à tête chercheuse!

Un Tour du monde, on rêve de le terminer fringuant... avec un peu d'air au moment de couper la ligne. Au lieu de ça, non seulement je n'ai pas d'air, mais la brume s'installe. Au moment où j'entre dans le rail d'Ouessant, la visibilité est de trente mètres. Et quand la brume s'entrouvre, je découvre un bordel total... des cargos dans tous les sens. Heureusement, pas un ne va vite. Un Chinois me passe à deux cents mètres, au ralenti. Tout le monde avance très doucement et regarde attentivement. Tant mieux. Car à tout moment un cargo peut me couper en deux et anéantir mon beau rêve de course si près du but. Je ne peux rien faire, sinon regarder mon radar... un radar peu rassurant, qui me confirme que je suis très entouré. Trop.

Dans le ciel, des militaires en manœuvre évoluent au-dessus de ma tête. Ils sont venus pour moi, faire des chandelles et un numéro de cirque. Ça me distrait. Peu après, je reçois un télégramme de l'amiral Lefèvre, le préfet maritime, un homme que j'apprécie. J'étais copain avec lui bien avant le Tour du monde. C'est un esprit cultivé, un homme sain, passionné par son métier. Souvent, chez les militaires, le grade érode la finesse d'esprit parce qu'ils se retrouvent prisonniers de schémas psychologiques infernaux : à partir du moment où tout le monde vous obéit sans sourciller. L'obéissance étant la structure même de la vie militaire, il est difficile de ne pas y aliéner sa personnalité. Plus on est gradé plus on a tendance à se confiner dans l'orgueil, à penser que tout ce qu'on dit est génial puisque la réponse des inférieurs sera forcément « oui ». Lefèvre est de ceux qui ne sont jamais tombés dans ce piège pour l'intelligence. C'est un homme très ouvert, à la fois moderne et « honnête homme » version Siècle des lumières. Il a vécu toute sa vie la passion de son métier et il termine dans le grade le plus élevé de l'arme qu'il a choisie quand il avait vingt ans. Une jolie carrière. Alors, qu'il m'adresse un télégramme me cause un grand plaisir. D'autant qu'il m'appelle « Amiral » et qu'il me félicite déjà : « Vous venez d'accomplir un formidable exploit ! »... Une véritable citation à l'ordre de la Marine. Fermez le ban !

25

« Quand est-ce que vous arrivez? » Plusieurs fois dans la journée, alors que je ne suis plus, en gros, qu'à cent vingt milles de Brest, j'entends ce refrain assené par des radios qui essaient de me contacter. J'arrive quand j'peux! Ça n'est pas moi qui décide, c'est le vent. Cela fait maintenant cent vingt-quatre jours que je fais tout pour arriver... A un moment, j'en ai tellement marre, que je ne veux plus parler à personne. Je coupe ma VHF. Mais à la tombée de la nuit, le 2 mai, pendant que je suis à l'intérieur, j'entends trois coups de corne de brume. Je sors, et sur l'arrière, à cinquante mètres de moi, je reconnais Jean Bulot, sur son remorqueur de haute mer, *L'Abeille Flandre*. C'est un copain et je rebranche ma VHF pour parler avec lui. Je crois qu'il est simplement venu travailler sur le rail et qu'il en a profité pour me dire bonjour. Mais non, il me répond qu'il est là exprès pour moi, accompagné d'un dragueur de mines chargé de me protéger dans le passage du rail et de me guider jusqu'à mon arrivée. Bulot me demande si je veux quelque chose, je lui réponds de m'envoyer un menu complet. Ils mettent un canot pneumatique à l'eau et ils m'apportent... un steak-frites. Jean, c'est un copain que j'adore. Son métier, le remorquage, le sauvetage, c'est un métier de Seigneur de la mer. J'ai été une fois récupéré par lui, un jour que j'étais en avarie sur Brest. Son équipage et lui, ce sont les rois de la manœuvre.

Après avoir avalé mon steak-frites, je reprends ma route en laissant ma VHF allumée. S'il voit qu'il y a du danger, il me préviendra. Il reste juste derrière moi et il calque sa vitesse sur la mienne. Il me délivre aussi toutes sortes d'informations : j'ai tant de courant à traverser, je vais à telle vitesse... Cela m'évite de prendre le crayon et de me marquer sur la carte. C'est un peu une navigation d'enfant gâté. Alors je deviens beaucoup plus détendu, d'autant que je sais que c'est ma dernière nuit en mer. Je sens déjà la terre, l'odeur grasse et lourde du bon humus de

Bretagne. C'est une odeur que je n'ai pas sentie depuis quatre mois... quand j'étais au mouillage à Mar del Plata, j'avais des vents qui venaient de la mer.

Un navigateur est très sensible aux odeurs. Après avoir séjourné plusieurs mois en mer, on redécouvre des perceptions que l'on a perdu l'habitude d'utiliser en ville. D'une façon générale la mer exacerbe tous les sens physiologiques. Dans une ville, c'est très rare qu'on ait besoin de voir à plus de trente mètres... on ne focalise que sur ce qui est près. Un mur, une vitrine, un arbre, un individu. En mer, tout se mesure de près pour ce qui est du bateau, mais de très loin pour ce qui est de l'horizon.

Vivre en solitaire redéveloppe des instincts qui dorment en nous : la notion de territoire occupé, la notion de présence. Dans certains atolls, les Polynésiens étaient capables autrefois d'annoncer : « La goélette arrive demain », alors qu'il n'y avait pas encore de radio et qu'ils n'avaient donc aucun moyen technique de connaître la marche d'une goélette. Pourtant, elle arrivait bel et bien le lendemain, avec le matériel attendu : elle était entrée dans leur cercle, ils l'avaient sentie. Je crois que cette faculté n'est pas extraordinaire. Elle ne relève pas d'une intuition miracle mais bien au contraire elle fait partie du potentiel humain. Un potentiel qui, la plupart du temps, n'est pas exploité dans notre monde moderne parce qu'on n'en éprouve pas – ou on ne veut pas en éprouver – le besoin. En provoquant un peu, je pousserai la théorie jusqu'à dire que nous savons tout ce qui nous attend dans notre vie, mais nous ne voulons pas le prendre en compte. Nous occultons nos capacités parce que nous négligeons volontairement de nous servir de toutes nos qualités intellectuelles. Il est frappant de constater à quel point l'homme est capable de se perfectionner sur un sujet qui l'intéresse. Ceux qui passent leur vie le regard fixé sur les écrans de bourse du monde, peuvent pronostiquer : « Tiens, le Dow Jones va perdre trois points demain » parce que leurs sens et leur réflexion leur auront permis d'anticiper la conjoncture. C'est pareil sur mer. C'est pour cela que la navigation est passionnante. Ce n'est pas le retour d'un monde civilisé à un état de nature, mais la redécouverte d'une autre nature. C'est une autre culture. Différente. La culture c'est la reconnaissance, puis la connaissance des différences. Ce n'est pas les colonnes de Buren. C'est se retrouver apte dans les différents mondes biologiques et organiques que l'on peut traverser dans l'espace d'une vie. Il y a une richesse à vivre en milieu sauvage : on a bousculé toutes les urgences, toutes les importances de la vie en société. Tout le monde parle du rythme diabolique de la vie moderne... parce que nous prenons très peu de temps pour réfléchir à nos vies. A la place, le blabla du social occupe tout le terrain. Sans le mériter. Sur un bateau on reste des mois sans écouter la radio et sans ouvrir un journal. Quand on rentre, on s'aperçoit que rien ne ressemble plus à un journal du départ qu'un journal de l'arrivée. La même écume de l'actualité, les mêmes discours. Le fait extraordinaire s'appelle un miracle. Et les miracles sont rares.

Le vrai miracle pour moi serait que le vent se lève enfin. Mais ça, je n'y ai pas droit. A un moment, j'ai même la sensation de faire marche arrière. Malgré les vedettes qui m'ont rejoint et m'accompagnent, ma dernière nuit me paraît longue car je n'ai toujours pas coupé la ligne alors que je suis si près du but. Tant que la ligne n'est pas coupée, le Tour du monde ne signifie rien.

Au lever du jour, je réalise qu'il commence a y avoir pas mal de bateaux autour de moi, sept ou huit vedettes qui sont très proches. Je suis heureux de leur présence et en même temps j'ai peur que, pour une raison ou une autre, l'une d'elles fasse une mauvaise manœuvre qui la jetterait sur moi. Il y a une chance sur un million, mais...

Un petit soleil est apparu... mais la brume empêche toujours de voir Brest. Je tire mon bord sur Camaret, et alors là, la meute se déchaîne. Je ne peux même plus compter les vedettes. Dans le tas, je reconnais tout de même celle de l'amiral Lefèvre. Il est en grande tenue – veste blanche! –, il s'est déplacé!

Il y a beaucoup de monde que je ne connais pas, mais je ne m'occupe pas d'eux. Je m'ingénie à vouloir récupérer un peu de contre courant pour couper la ligne au plus vite. Si je rate mon coup, je peux en écoper encore pour sept ou huit heures. Dans le meilleur des cas, il me reste au minimum trois ou quatre heures de course et je ne suis pas d'humeur à céder un mètre de terrain.

Vers 7h30, enfin, la brume se déchire et la rade de Brest apparaît dans des couleurs incroyables! La mer est bleu ciel, mais vraiment bleu ciel, et elle est sillonnée de bateaux pompes qui s'approchent de moi. Quand je coupe la ligne, je me dis : « Tout peut péter maintenant, ça n'a plus d'importance, la boucle est bouclée. » Une vedette s'approche de moi, et Didier est le premier à monter à bord. C'est un moment étonnant, très fort. Lui et moi on se regarde, les yeux au fond des yeux, et on se repasse tout le film en accéléré, depuis le moment où j'ai quitté Brest. Il était le dernier à être resté à bord...

Aussitôt après arrivent, Caroline, Arthur, les bras encombrés d'un énorme marsupilami, l'architecte du bateau, Brincourt aussi... Et je commence à regarder autour de moi d'un autre œil : les bateaux, le bruit, la fête, les avions, les hélicoptères, le *Redoutable*... ! Tous restent à distance respectueuse, alors on a le temps d'être entre nous...

Le bateau qui me remorque est le bateau du port de Brest. J'ai l'habitude de travailler à l'année avec son équipage. Sur le port, il y a une foule si considérable que j'ai peur du regard de tout ce monde. Je trouve une parade : j'installe à la barre un de mes équipiers, comme ça les regards se porteront sur lui ! Et moi je vais me cacher derrière le mât, avec Caroline et Arthur. C'est une réaction un peu primaire, je le reconnais... cette foule est très amicale. Il est huit heures du matin et les gens attendent depuis l'aube, ils se sont levés très tôt, certains au milieu de la nuit, et pour eux c'est un moment aussi fort que pour moi. J'ai assisté au retour de Philippe Monnet... j'ai été un des premiers à monter sur son bateau et c'était un moment chargé d'émotion car un bateau qui revient du Tour du monde, ce n'est pas innocent, c'est quelque chose de grave, d'affectif au sens le plus fort du terme. Si j'avais eu un ruban accroché à l'arrière, il aurait fait le tour du monde, il serait revenu à son point d'attache. Un Tour du monde c'est quelque chose de rond, de complet, d'abouti, de magique.

Sincèrement, je ne m'attendais pas à ce qu'il y ait autant de monde. Je n'avais même pas imaginé qu'il pourrait y avoir une fête. Après le ballet des bateaux pompes, c'est l'orchestre de la Marine nationale qui entonne *La Mer*, en version très swinguée. Après plus de quatre mois de solitude absolue, je me retrouve projeté en plein Barnum! J'ai du mal à me réacclimater.

Puis ce sont les radios, les télés, la cérémonie à la mairie... Vers quatorze heures, je réussis à m'échapper avec Didier et nous nous précipitons au *Pré-Vert*, notre bistrot habituel, pour bouffer tranquillement entre nous. Ce repas est la seule parenthèse de la journée, car aussitôt après reprend le rythme infernal : les télés, les radios... France Info et France Inter qui ont rendu compte de mon Tour du monde jour après jour, comme un feuilleton...

Après quatre mois de solitude absolue dans le Monde, me voici à la merci du monde.

26

Ma première nuit à terre je la passe dans le même hôtel que lors de mon départ : L'Océania. Alors que j'étais encore en mer, j'avais reçu un télex, signé du personnel et de la direction, où ils me disaient que j'avais été leur invité au départ et qu'ils aimeraient bien que je sois aussi leur invité au retour. Ils savent que j'ai des soucis financiers et leur offre est désintéressée. Ils veulent juste me faire plaisir. Nous avions passé Noël chez eux, avec ma femme et mon fils. Un Noël pas trop drôle, parce que j'allais partir en mer pour un truc dur...

Je suis content de retrouver mes marques à L'Océania, c'est comme si je refaisais tout mon parcours à l'envers. Cette première nuit à terre je ne dors pourtant pas plus de deux ou trois heures. Je ne peux pas m'empêcher de retourner au bateau. J'ai envie de voir sa gueule, je ne l'ai pas vu de l'extérieur depuis longtemps. C'est mon bateau, on ne peut pas se quitter comme ça. C'est avec lui, lui solidaire de moi, que nous avons fait cette merveilleuse chose qu'est le Tour du monde.

La vie peut nous donner des projets, elle peut nous donner des chances, mais c'est rare qu'elle nous donne autant. C'est à dire un projet auquel on tient... Passer au travers de toutes les épreuves comme un chacal, et terminer comblé.

Ce n'était pas de l'effort pour rien.

EPILOGUE

L'histoire de *Poulain* est une histoire complexe. Il n'a jamais été envisagé par aucun directeur de course de partir autour du monde en multicoque. Les seuls pilotes a l'avoir réellement envisagé sont Colas, avec *Manureva*, Philippe Monnet avec *Kritter* et moi avec *Poulain*. Parce qu'après vingt ans d'existence des multicoques, je pensais – et je pense toujours – que s'il y a un effort vers lequel notre métier doit porter, c'est celui d'emmener ces machines dans les conditions extrêmes du Sud. C'est le seul challenge qui, depuis des années, faisait battre mon cœur et enflammait mon esprit.

Les trimarans modernes sont des bateaux légers, rapides, et brillants. Avec eux, la voile est devenue un merveilleux sport de glisse. En revanche, cette glisse peut très vite devenir un enfer. Dans certains types de mer le trimaran passe mal, et la moindre faute de barre entraîne le chavirage immédiat. Si personne n'est à proximité pour vous récupérer, c'est la mort assurée en moins d'une dizaine de jours...

A cause des vitesses que ce genre de bateau peut atteindre, les efforts mécaniques sont décuplés. Un multicoque fatigue beaucoup plus qu'un monocoque... En outre, un monocoque peut affronter des vents supérieurs à cent nœuds, il les « étalera » sans trop de problèmes. En multicoque, au contraire, au-dessus de soixante-dix nœuds, le vent devient un ennemi pour le bateau. En cas de très forte dépression qui surviendrait à l'improviste, il est donc fortement conseillé de ne pas descendre trop bas dans le Sud, de façon à pouvoir remonter très vite si le besoin s'en fait sentir.

Tous ces paramètres nous ont obligés, Monnet et moi, à naviguer entre 40° et 45° Sud dans l'océan Indien et entre 45° et 57° dans le Pacifique. Très loin, donc, du parcours le plus court qui rase l'Antarctique. Avez-vous songé que plus on descend vers le sud, plus on se rapproche du pôle et qu'alors la distance à parcourir pour boucler le Tour du monde est singulièrement rétrécie... Au pôle même, il suffit de tourner sur soi-même pour avoir fait le Tour du monde...

L'option de route que j'ai choisie m'a fait parcourir approximativement trois mille huit cents milles de plus que la flotte du Vendée Globe Challenge. Handicap que j'espérais compenser par les capacités de vitesse du bateau qui me permettaient d'abattre très souvent des journées de plus de quatre cents milles. En fait, après être descendu en très peu de temps de Brest à la latitude du cap Horn, la remontée du cap Horn à Brest s'est accomplie dans les pires conditions de calme que j'aie jamais rencontrées.

Les navigateurs du Vendée Globe Challenge ont bénéficié, un an plus tard, sur la même route, d'une météo exceptionnelle. Des vents forts ne les ont jamais quittés tout autour du globe... Bien sûr, les premiers se sont fait coucher à plusieurs reprises, mât dans l'eau. Mais l'avantage du monocoque est de pouvoir se remettre droit, même après un tour complet. Un multicoque de grande taille, tel que *Poulain*, est, lui, impossible à redresser une fois qu'il est sur le toit.

Emmener un trimaran de vingt-trois mètres en solitaire autour du monde est une vraie belle aventure de mer et de solitude. Je n'ai jamais rien connu de mieux.

Mais la terre tourne et d'autres challenges s'annoncent... Aujourd'hui, à l'heure où je termine ce livre, je me suis engagé dans la préparation de la Route du Rhum. C'est la plus belle des épreuves en solitaire. Je sais que je vais la courir, et j'ai déjà le cœur qui bat. Mon bateau s'appelle ESSO SUPER PLUS. C'est parti...

Hôtel Miramar. Le Crouesty
Le 28 janvier 1990

Cet ouvrage a été réalisé sur
Système Cameron
par la SOCIÉTÉ NOUVELLE FIRMIN-DIDOT
Mesnil-sur-l'Estrée
pour le compte des Éditions Flammarion
le 2 mai 1990

Imprimé en France
Dépôt légal : mai 1990
N° d'édition : 12606 – N° d'impression : 14612

